א… מאנטעלע נ…

ז…ק, א… מעד אינעם

זי טראכט דאָך, פונק…

בערטער מאטעמאטיק…

אז אירע צייכענונגע…

אלץ, וואָס עס טוט

ווען איבערלעבן אי…

ניצכוינעס, אלע לעג…

פעטערס, — אלץ וואָס…

דער זײַט, קעדיי מי…

טרעטן און צו פארש…

געשאפענע דורך מע…

Für Ulrike Klingemann
zum 18. Geburtstag

„Leuchte!"

Dein Chr. Lehnke

Mark Rasumny

Eine Welt voller Wunder

Auch ungelebtes Leben
geht zu Ende
zwar vielleicht langsamer
wie eine Batterie
in einer Taschenlampe
die keiner benutzt.

Aber das hilft nicht viel:

Wenn man
(sagen wir einmal)
diese Taschenlampe
nach so- und soviel Jahren
anknipsen will
kommt kein Atemzug Licht mehr heraus
und wenn du sie aufmachst
findest du nur deine Knochen
und falls du Pech hast
auch diese
schon ganz zerfressen.

Da hättest du
genau so gut
leuchten können

Erich Fried

Aus dem
Jiddischen von
Jürgen Rennert

St. Benno-Verlag
Leipzig

Mark Rasumny

Eine Welt voller Wunder

Mit einem Nachwort von
Jürgen Rennert

ISBN 3-7462-0417-8

Vorbemerkung

»Jesus ist für mich der ewige Bruder, nicht nur der Menschenbruder, sondern mein jüdischer Bruder. Ich spüre seine brüderliche Hand, die mich faßt, damit ich ihm nachfolge ... Sein Glaube, sein bedingungsloser Glaube, das schlechthinnige Vertrauen auf Gott, den Vater, die Bereitschaft, sich ganz unter den Willen Gottes zu demütigen, das ist die Haltung, die uns in Jesus vorgelebt wird und die uns – Juden und Christen – verbinden kann.«
Diese für uns Christen schönen Worte stammen aus der Feder des jüdischen Gelehrten Schalom Ben-Chorin.
Mark Rasumny – in Riga beheimateter Jude – läßt uns im vorliegenden Buch einiges von den eben zitierten Worten spüren. Seine Botschaft ist eine Botschaft des Herzens, ein Ruf, der uns erreichen und in unserem Alltag tragen kann – dank jenes gemeinsamen Glaubens der Christen und Juden an den Gott Abrahams, Isaaks und Jakobs. In diesem gemeinsamen Glauben verstehen Christen und Juden gleichermaßen Mann und Frau als Krone der Schöpfung Gottes, berufen für die Heiligkeit und den Dienst am Nächsten.
Schlicht und einfach, umgeben nur von dem Nötigsten, lebte Mark Rasumny in diesen gemeinsamen Traditionen, die vor allem auf den ›Vätern‹ gründen – im weitesten Sinne. Uns Heutigen fällt in seinen vorliegenden Texten auf, wie oft Rasumny die ›Alten‹ in Erinnerung ruft, von denen er erfahren und gelernt hat: den Glauben und die Haltung (der ›Alten‹), die Liebe und die Sorge um das Wohl des Nächsten. Man denke an die Novellette »Zerbrochene Teller« – rührend die kindliche Naivität des Jungen in diesem Text.

Rasumny hat sie bewahrt in seinem Herzen über all die Jahrzehnte, über alle bekannte Pein der Vergangenheit hinweg – allen Versuchungen zum Trotz.
Wir begegnen in den Texten oftmals einer Sicht auf die Schöpfung, die vielleicht viele von uns im Alltag verloren haben, irgendwann. Rasumny, 1988 hochbetagt verstorben, läßt uns mit seinen Erfahrungen, mit seinem jüdischen Glauben teilhaben an einer »Welt voller Wunder«, die auch wir sehen und erleben können … Wir erfahren dabei eine Haltung, die uns leider Gottes durchaus fremd geworden ist: das Geheimnis, das jeder Schöpfung innewohnt, wird als Geheimnis getragen und behütet und als kostbares Gut weitergegeben von Generation zu Generation. – Rasumny sagt: »Ißt du Brot, trinkst du Wasser, genießt du eine Frucht – versäume nicht, dem Allmächtigen für all die herrlichen Dinge zu danken, die er dem Menschen zu Nutz und Frommen erschuf …«
Dankbar sollten wir jene »Welt voller Wunder«, die uns Mark Rasumny in seinen Novelletten anbietet, aufnehmen und in unser Leben tragen.
Für die Auswahl war bestimmend, mit diesem Band einen möglichst breiten *und* unverfälschten Einblick in das Leben, den Glauben und das Brauchtum des Ostjudentums zu vermitteln – aus der Sicht von Mark Rasumny. Natürlicherweise werden in solch einer Auswahl auch Verhaltensweisen erkennbar, denen wir Christen nicht unkritisch gegenüberstehen.
Der Autor – Angehöriger des über Jahrhunderte hin grausam und erbarmungslos verfolgten und gequälten jüdischen Volkes – glaubte daran, »daß es auf dieser Welt ein Maß der Gerechtigkeit und des Erbarmens gibt. Immer und ewig!« Und davon sollten wir Christen eigentlich wissen, seitdem in Jesus Christus das Maß des Erbarmens Gottes in seiner letzten Konsequenz deutlich geworden ist.

Der Verlag

Vor Ingrimm tobend und zugleich mit Wonne
erscholl das Meer in Sturmesliedern –
jetzt sucht es, Stille zu erwidern,
und glänzt im Schein der Abendsonne.

Und denkt bei sich: »Wie tut das gut
Was wollte ich die Welt einreißen?! …«
Und kann's nur denken, weil des heißen
Sturmwinds Erleben in ihm ruht …

Als mich mein Rebbe Reb Bezalel erstmals in die wunderbare Welt der fünf Bücher Mosis einführte, wußte ich noch nicht, daß Gott am ersten Schöpfungstag Licht und Finsternis, am zweiten Festland und Wasser, am dritten alle Gewächse, Früchte und so weiter erschaffen hatte. Ich war grenzenlos begeistert, als ich von diesen Wundern vernahm. Am stärksten jedoch beeindruckte mich das Ereignis des letzten Tages – die Erschaffung Adams. »Wajizer adauni elohim ess ho'odom ...« buchstabierte ich mit Hilfe des Rebben und übersetzte: Gott schuf den Menschen ... »ofor min-ho'adomoh ...« – aus dem Staub der Erde ...
Wie? dachte ich. Aus Staub? Das wollte mir nicht in den Kopf. Und so hob ich verwundert die Augen und fragte den Rebben:
Ist der Mensch wirklich nur aus Staub? Wie hat Gott das gemacht?
Ja, mein Junge, aus Staub! bestätigte der Rebbe. Und während er mit der einen Hand glättend über seinen ehrfurchtgebietenden roten Bart fuhr, wies er mit dem Zeigefinger der anderen auf jene Stelle, an der ich ins Stocken gekommen war. Lies weiter, sagte er, dann wirst du sehen ...
Und ich las und übersetzte: »Wajipach b'apoow ... und er blies ihm in seine Nase ... nischmass chajim ... eine lebendige Seele ein ... wajehi ho'odom ... und so wurde der Mensch ... lenefesch chajoh ... zu einem lebendigen Geschöpf ...«
An dieser Stelle schob sich die feingliedrige Hand Reb Bezalels über die Seite und verdeckte alles Weitere.

Siehst du, sagte er, hier verbirgt sich das Wesentliche! Denn wie steht geschrieben: »Und so wurde der Mensch zu einem lebendigen Geschöpf ...« Das heißt doch: unabhängig davon, daß er aus dem dumpfen Staub der Erde gemacht ist, aus dem einfachen Lehm, den unsere Füße treten, trat er ins Leben. Aber wann war das? Als Gott ihm eine lebendige Seele einblies!

Das, mein Junge, hat der Rebbe mit großem Ernst hinzugefügt, mußt du in deinem Gedächtnis behalten: Wahre Menschen werden wir staubgeschaffenen Geschöpfe erst dann, wenn uns eine Seele eingegeben wird, eine göttliche Seele, eine Seele, die offen ist für das Gute und die Wahrheit!

Ich habe es mir eingeprägt. Und ein Leben lang begleitet mich die Erinnerung an meinen unvergessenen Rebben und an den langen Atem seiner Geduld, mit der er mich über der Schöpfungsgeschichte in den Anfängen des Lebens unterwies.

Aus meinen Erinnerungen:
Erst nachdem einer meiner Verwandten in New York 500 Dollar Kaution hinterlegt und sich dafür verbürgt hatte, daß ich mich keinen Tag länger als bewilligt im Goldenen Lande aufhalten würde, erhielt ich vom amerikanischen Konsul in Riga ein Einreisevisum.
Und ich verbrachte das erlaubte halbe Jahr in Amerika, recherchierte und reportierte in journalistischer Mission. Als meine Zeit zu Ende ging, meldete ich mich bei der Einwanderungsbehörde und zeigte meine Schiffskarte, aus der ersichtlich war, an welchem Tag ich das Land zu verlassen beabsichtigte. Man beschied mich, daß ein Beamter des Departments sich persönlich von meiner Abfahrt überzeugen und meinen Paß mit dem entsprechenden Ausreisestempel versehen würde. Sobald ich den gestempelten Paß auf dem amerikanischen Konsulat in Riga vorwiese, ginge von dort eine Depesche nach New York und alsdann bekäme mein Verwandter seine hinterlegten 500 Dollar zurück.
Doch es kam anders. Der Beamte erschien nicht. Und das Schiff lief pünktlich aus dem Hafen, mit mir und meinem unabgestempelten Paß an Bord.
Wieder in Riga, meldete ich mich sogleich beim amerikanischen Konsul und bat ihn, wie erforderlich, die New Yorker Behörden von meiner Rückkehr in Kenntnis zu setzen. Aber der Konsul studierte lange meinen Paß und musterte mich voller Mißtrauen, ehe er schließlich sagte:
»Wie kann ich Ihre Rückkehr bestätigen, wenn Sie doch gar nicht zurückgekehrt sind?«
Ich dachte, er scherze, und erwiderte lächelnd:

»Und wer, Herr Konsul, meinen Sie, steht vor Ihnen?«
»Reißen Sie keine Witze!« wies er mich zurecht. Und mit allem bürokratischen Ernst setzte er hinzu: »Daß Sie vor mir stehen, beweist gar nichts. Erst wenn Sie mir einen korrekt abgestempelten Paß vorweisen, könnte ich halbwegs sicher sein.«
Nach solch einem Willkommen war mir klar, daß all meine Behauptungen, ich hätte Amerika rechtzeitig verlassen und befände mich jetzt in Riga, und zwar höchstselbst im Zentrum der amerikanischen Botschaft, nur auf taube Ohren stoßen würden. All meine Erklärungen parierte der Konsul kalt und trocken: »Zeigen Sie mir ein Papier, das Ihre Rückkehr dokumentiert!«
Für mich begann nun eine Zeit vermehrten Laufens und Suchens nach Dokumenten, die meine tatsächlich stattgehabte Rückkehr nach Riga beweisen konnten. Doch nun versuche mal einer, dem der entsprechende Stempel im Paß fehlt, dies auch noch amtlich bestätigt zu bekommen! Und so, mehr oder minder planlos umherirrend, verlor ich allmählich den Glauben, daß ich den verlangten Beweis je würde beibringen können. Überhaupt kamen mir Zweifel, ob ich tatsächlich ich sei, wirklich jener Jemand, der Amerika vor kurzem verlassen hatte. Und eigentlich hätte mich auch das nicht groß gekümmert, sollte doch Amerika über meine Rückkehr oder Nichtrückkehr nach Riga denken, was es wollte, wäre da nicht jener Verwandte gewesen, der mir so hilfreich gewesen war, der nun litt und bangte, seine schwer erarbeiteten Dollar, die er für mich hinterlegt hatte, wieder herauszubekommen. In Telegrammen, die in immer kürzeren Intervallen eintrafen, schrie er Gewalt angesichts meiner Säumigkeit und beschwor mich, endlich den Konsul aufzusuchen. Und auf meine Rückantworten, daß ich längst beim Konsul gewesen sei, mir aber der Konsul mein Wiedererscheinen nicht

geglaubt hätte, depeschierte er, daß er bei bestem Willen nicht glauben könne, daß mir der Konsul nicht glauben würde, wenn ich mich ihm nur präsentierte …

Was kann man noch tun, wenn einem keiner mehr glaubt? Ich versteifte mich und bestürmte das Konsulat so lange, bis sich der Konsul schließlich erbarmte und mir eines Tages eröffnete: »Ich sehe, daß Sie mir keine Beweise liefern können. Also, sagen Sie, sind Sie bereit, einen Eid darauf zu leisten, daß Sie Amerika wirklich und wahrhaftig wieder verlassen haben?«

Augenblickslang dachte ich, der Konsul triebe seinen Scherz mit mir, und fragte zurück: »Wird das wirklich hinlangen, um Sie davon zu überzeugen, daß ich ich bin?«

Der Konsul überhörte meine Ironie und erklärte, daß er mir ausnahmsweise entgegenkäme und sich mit einer eidesstattlichen Erklärung meinerseits zufriedengeben würde, da es mir offensichtlich unmöglich sei, meine Rückkehr ordnungsgemäß zu dokumentieren …

Ich leistete den Schwur. Bei brennenden Kerzen und auf die Bibel. Damit war es mir gelungen, die amerikanische Regierung endlich davon zu überzeugen, daß ich mich nicht länger auf von ihr verwaltetem Gelände befände. Aber auch mich selbst hatte ich bei dieser Gelegenheit seltsam bekräftigt.

An diese Szene beim Konsul erinnere ich mich an Tagen, an denen ich mich gänzlich im Netz der Zweifel, Widersprüchlichkeiten und Irrungen verfange und keinen Weg zu mir selber finde. Doch meine Sehnsucht, mir mit einer einfachen eidesstattlichen Erklärung zu nötigem Selbstbewußtsein zu verhelfen, unterliegt den Erfahrungen meines Selbst mit sich selber …

■ Wie ein Schlag mit der Faust ■

Die Literaten saßen bei einem Glas Wein im Kaffeehaus und erörterten halb im Ernst und halb im Spaß die verschiedensten literarischen Probleme. Unter anderem kam die Rede schließlich auf eine Novelle, die erst unlängst in einem Journal veröffentlicht worden war.
Die Sache wäre gar nicht so schlecht, sagte der Novellist, wenn der Autor einen richtigen Schluß gefunden hätte. So aber bleibt sie irgendwie unvollendet ...
Was heißt ›unvollendet?‹ monierte der Dramatiker. Welchen Schluß hast du dir denn vorgestellt?
Was heißt: welchen Schluß ich mir vorgestellt habe?! rief der Novellist erregt und schlug dabei mit seiner Faust so heftig auf den Tisch, daß die Gläser klirrten und auch die Nachbartische nicht unberührt von der Wucht seines Schlages blieben. Einen Schluß, wie er sich für eine Novelle gehört! Einen Schluß wie ein Paukenschlag! Wie sagt Goethe: Eine Novelle ist die Beschreibung eines außergewöhnlichen Geschehens! Und so außergewöhnlich wie ihr Geschehen – das sage ich! – hat auch ihr Schluß zu sein. Das Ende muß knallen, so wie ein Schlag mit der Faust!
Wenn ihr erlaubt, fuhr der Novellist nach einigen Augenblicken fort, will ich euch diesen Gedanken an einem Erlebnis demonstrieren, das mir selbst widerfuhr. Sowohl das Ende der Geschichte wie auch ihre Mitte als auch ihr Anfang haben etwas Schlagkräftiges und Unerwartetes ...
Na, das ist ja seltsam! Äußerst merkwürdig! riefen die Kollegen. Erzähl mal, laß hören!
Und der Novellist begann: In meiner Jugend verbrachte ich etliche Jahre in Deutschland. Tagsüber

arbeitete ich in einer Hamburger Bank, und abends besuchte ich die Fortbildungskurse der dortigen Universität. In Lübeck, keine vierzig Kilometer von Hamburg entfernt, wohnte meine Tante, die Schwester meines Vaters. Ihr verdankte ich den Aufenthalt. Immer wieder hatte sie dem Vater geschrieben: »Schicke Deinen Sohn nach Deutschland, hier kann etwas aus ihm werden ...« Und schließlich war es ihr gelungen, meine Eltern zu überzeugen. Schweren Herzens hatten sie mich ziehen lassen ... Ich weiß, was ihr jetzt fragen wollt, wie die Tante nach Deutschland gekommen ist. Das war in den achtziger Jahren des vorigen Jahrhunderts, als in Rußland die furchtbarsten Pogrome entbrannten und die Juden massenhaft nach Amerika auswanderten. Damals hatte sich auch die Tante – Henje hieß sie – mit ihrem Bräutigam, einem Talmud-Studenten, auf den Weg nach Amerika gemacht. Doch die Juden in Deutschland überredeten sie und ihren zukünftigen Mann, bei ihnen zu bleiben. Das junge Paar siedelte sich in Lübeck an. Und der Mann meiner Tante versah jahrelang den Dienst eines synagogalen Vorsängers und Schächters. Als ich in Hamburg eintraf, war Tante Henje schon verwitwet und lebte von den Zuwendungen ihrer Söhne, die Kaufleute geworden waren. Als ihr Vater, mein Großvater, rabbinisches Oberhaupt einer einst berühmten litauischen Gemeinde, gleichfalls verwitwete, holte sie ihn zu sich. Und die Lübekker jüdische Gemeinde nahm ihn auf, als ob er lebenslang ihr Rabbiner gewesen wäre. Er amtierte noch etliche Jahre als Neben-Rabbiner an der Seite des offiziell bestallten und promovierten Hauptrabbiners. Ich bitte um Pardon, daß ich anfange, mich in Bojberik* zu verlieren, aber wenn man ins Erzählen kommt ... Also weiter beim Großvater. Er wurde in Lübeck das, was die Deutschen einen »Seelsorger«

* Siehe Anmerkungen!

nennen, einer, der Sorge um die Seelen der ihm Anvertrauten trägt. Und natürlich sorgte er sich auch um die jüdische Seele seines erst unlängst nach Hamburg eingewanderten Enkels.
Jeden arbeitsfreien Sonntag verbrachte ich folglich in seiner Gesellschaft. Jeden Sonntag nahm er mit mir eine Seite aus dem Talmud durch. Er führte mich ein in die Welt des Mussars* und tränkte mich derart mit dem Geist des Judentums, daß es für eine ganze Woche in Hamburg langte ...
An dieser Stelle muß ich bekennen, daß ich, ungeachtet aller tiefen Verehrung für meinen Großvater, die Sonntage lieber mit meinen Hamburger Freunden und – um der ganzen Wahrheit die Ehre zu geben! – Freundinnen verbracht hätte. Mein Großvater schien das zu ahnen, denn einmal sagte er:
Ich verstehe dich, mein Junge, du würdest deine freien Tage lieber mit jungen Leuten verbringen. Daß du dennoch zu mir kommst, freut und tröstet mich. Sei so gut und erhalte mir, solange ich lebe, dieses Vergnügen ...
Fügte ich mich also dem Wunsche des Großvaters. Jeden Samstagabend bestieg ich den Schnellzug, mit dem ich eine halbe Stunde später in Lübeck eintraf, wo ich in der Mühlengasse schon ungeduldig vom Großvater und der Tante erwartet wurde.
An einem dieser Samstagabende traf ich nun auf dem Weg zum Bahnhof eine Studentin aus dem Abendkurs. Sie war sehr schön, hieß Amanda Prenzlow und hatte schon lange Eindruck auf mich gemacht.
Wohin so eilig? fragte sie.
Ich versuche, noch den Zug nach Lübeck zu erreichen, sagte ich, ich fahre wieder zum Großvater.
Zum Großvater? Wirklich? Amanda lächelte ungläubig und amüsiert. Spöttisch drohte sie mir mit dem Zeigefinger: Ich kenn' dich doch ... Weißt du was, heute bist du bei mir zum Abendbrot eingeladen. Heute bin ich reich. Meine Mutter hat mir aus ihrer

Mecklenburger Sommerfrische einen ganzen Korb mit Delikatessen geschickt. Willst du? Du wirst es nicht bereuen ... Dein Großvater kann warten!
Ich zauderte augenblickslang. Die Entscheidung fiel mir schwer. Fährt man nun wieder zum frommen und allemal ernsten Großvater mit seinem Talmud und seinen Erbauungsbüchern, oder gönnt man sich mal einen lustigen Abend mit der bezaubernden Amanda? Am Ende siegte der alte Adam, und ich nahm das Mädchen beim Arm. Wir gingen den prächtigen Harvestehuder Weg entlang, der – selten genug in Hamburg – unter einer Schneedecke lag und im Mondlicht zu träumen schien. Wir rutschten, schlitterten, rannten, bewarfen uns mit Schneebällen und wurden immer vergnügter. Schließlich standen wir in Amandas gemütlichem Zimmer. Schnell war der Tisch mit all den Herrlichkeiten gedeckt, wir aßen, was wir konnten. Der selbstgemachte Wein, gleichfalls aus dem Korb mit den mecklenburgischen Leckereien, tat seine berauschende Wirkung. Was Wunder, daß mein zwanzigjähriges Blut in Wallung geriet. Die reizende Gesellschaft der nicht allzu widerstrebenden Amanda besorgte das übrige. Es endete, wie zu erwarten: Ich vergaß die Welt um mich herum und blieb über Nacht ...
Weiß Gott, eine schöne Geschichte! rief der Kritiker, als der Novellist stockte und sich für Augenblicke in Erinnerungen verlor. Wirklich, nichts dagegen zu sagen, aber erkläre mir um Himmels willen, was dieser schwache Schluß mit dem von dir beschworenen Faustschlag zu tun hat? Über den Wirkungsgrad erotischer Trivialliteratur kommt er nicht hinaus ...
Ich bin noch nicht am Ende, sagte der Novellist, der Schlag mit der Faust kommt noch. Und nicht nur einmal. Ich weiß, was ich behauptet habe. Bewahrt Geduld und hört weiter:
Die wunderbare Nacht verging wie im Fluge. Wo, wer und was ich war, dämmerte mir erst wieder, als die

Sonne mit umflortem Blick durch die Vorhangspalte lugte. Schmerzhaft durchzuckte es mein Herz, erschrocken sprang ich auf. Hastig und leise, um die schlafende Amanda nicht zu wecken, zog ich mich an. Wie ein Dieb stahl ich mich aus ihrer Wohnung. Alles in mir strebte plötzlich zum Bahnhof. Nahezu besinnungslos lief und rannte ich. Und was ich währenddessen insgeheim erfleht hatte, schien sich zu erfüllen. Denn als ich atemlos den Bahnsteig erreichte, fuhr gerade der 11-Uhr-Zug der Schnellverbindung Hamburg–Lübeck ein. Ich bestieg den erstbesten Waggon, setzte mich ins Kupee und fiel erleichtert in Schlummer. Kurz vor Lübeck weckte mich der Kondukteur, der das Billett verlangte.

Genauso wie ich in Hamburg zum Bahnhof gerannt war, rannte ich nun vom Lübecker Bahnhof in Richtung des Mühlenbergs. Erst als ich in die Mühlengasse einbog, verlangsamte ich meinen Schritt. Mit zitternder Hand läutete ich am Haustor der Tante. Wie einem Verbrecher schlug mir das Herz bis zum Hals. Der Gedanke an die nun unabwendbar zu erwartende Strafpredigt ließ mein Blut erstarren …

Es dauerte, bis sich im Haus etwas regte. Schließlich öffnete sich die Tür und Tante Henje erschien. Bruchteile einer Sekunde stand sie wie versteinert vor mir, dann umarmte und umhalste sie mich und überdeckte mein Gesicht mit heißen Küssen. Meine kühle Tante Henje, die sich stets als ein Muster an Strenge und Zurückhaltung erwiesen hatte! Wenig später stand der Großvater im Hausflur. Auch er umarmte und küßte mich. Unentwegt murmelte er: Gelobt und gepriesen sei der Ewige, ja, gepriesen sei er … Als zu guter Letzt auch noch die Hausangestellten erschienen und sich nicht weniger erfreut und überrascht zeigten, hatte meine Verwunderung ihren Höhepunkt erreicht. Was, dachte ich, ist hier los? Womit habe ich, zumal im Blick auf die verflossene Nacht, solch ein Willkommen verdient?

Geraume Weile stand ich da wie ein Golem – kein Wort konnte ich herausbringen. Ich ließ mich umhalsen und abküssen. Erst als sich die allgemeine Euphorie etwas gelegt hatte, kam ich wieder zu Stimme. Leise und vorsichtig fragte ich nach den Gründen solchen Empfangs. Unter Tränen sagte die Tante:
Aber Junge, du bist uns doch wiedergeschenkt! Was meinst du, wie glücklich wir sind, daß du überlebt hast!
Sie lief ins Wohnzimmer, kam mit der Sonntagszeitung in der Hand zurück und wies mir die fettgedruckte Schlagzeile: »Großes Zugunglück auf der Strecke Hamburg–Lübeck«. Der nachfolgende Text, den ich atemlos überflog, berichtete, daß der Abendschnellzug 909, fahrplanmäßige Abfahrtszeit Hamburg 21.01 Uhr, aus noch ungeklärter Ursache kurz hinter Hamburg mit einem Güterzug zusammengeprallt war. Einer unbestimmten Anzahl von bislang noch nicht identifizierten Passagieren hatte es das Leben gekostet. Ich ließ die Zeitung nicht aus den Händen. Immer wieder starrte ich fassungslos auf die Meldung. Ebendieser Schnellzug 909 war es, den ich jeden Samstag benutzte. Und den ich auch gestern bestiegen hätte, wenn, ja, wenn nicht Amanda und ihre verführerische Einladung gewesen wären …
Den ganzen Sonntag über herrschte Feiertagsstimmung. Großvater betete Gojmel* mit mir, und abends erschienen Leute aus der Lübecker Gemeinde, die mich beglückwünschten. Alle zeigten sich von meiner wunderbaren Bewahrung beeindruckt. Und in all dem Trubel vergaßen sowohl Tante als auch Großvater, mir die einfachste und wohl auch naheliegendste Frage der Welt zu stellen: Was mich denn bewogen haben könnte, gerade gestern die Regel meines samstäglichen Erscheinens zu durchbrechen?
Als der Novellist an dieser Stelle eine bedeutungsvolle Atempause einlegen wollte, hakte der Dramatiker ein. Entschuldige, unterbrach er, aber das, was du

jetzt geschildert hast, hat absolut nichts mit der Autonomie des Künstlers zu tun. Was du uns hier anbietest, ist ein Musterbeispiel für das künstliche Element der griechischen Tragödie: den Deus ex machina. Wir aber reden heute abend über solche Fügungen und Kunstfiguren, die sich vom Helden des Geschehens her begründen lassen. In welchem Zusammenhang steht deine »wunderbare Rettung«, dein Deus ex machina, mit jener künstlerischen Pointierung, über die wir reden und die wir anstreben?

In einem engen! rief der schier unermüdliche Novellist. Denn ohne diesen ›Deus ex machina‹, ohne die Willkür des Schicksals, wäre es nie und nimmer zu jenem überraschenden und unerwarteten Ende gekommen, auf das meine Schilderung hinausläuft. Falls ihr noch etwas Geduld erübrigen könnt, schenkt sie mir. Laßt mich zu Ende erzählen:

Als ich nach dem Verlauf einer Woche wieder in Lübeck eintraf, war ich sicher, daß alles vergessen und vergeben sein würde und niemand mehr auf den Gedanken käme, dem vormaligen Geschehen nachzufragen. Doch ich sollte mich irren. Der Großvater und wohl auch die Tante hatten inzwischen den Grund für meine seinerzeitige Verspätung erfahren. (Bald fiel mir ein, daß ich vor dem Enkel meiner Tante, einem jungen Mann in meinem Alter, der gleichfalls in Hamburg beschäftigt war, mit meinem »Sieg« über die schöne Amanda geprahlt hatte. Von daher mußten die einschlägigen Informationen nach Lübeck gelangt sein.)

Kaum war ich selbst wieder in Lübeck eingetroffen, gebärdete ich mich wie ein lernsüchtiger Schüler. Doch ehe wir ans Lernen gingen, faßte mich der Großvater scharf ins Auge. Und ebenso verhalten wie herzlich bekannte er:

Du weißt, daß ich weiß, was vorigen Samstag und in der Nacht zum Sonntag geschah. Ich habe lange darüber nachgedacht, weiß Gott, sehr lange …

Da war mir klar, was ich nun zu gewärtigen hatte: eine mit rabbinischem Scharfsinn gewürzte Strafpredigt.
Doch der Großvater nahm die Brille ab, putzte sie sorgfältig mit seinem mich immer wieder beeindrukkenden roten Taschentuch und musterte mich mit einem Blick zwischen milder Strenge und strenger Mildherzigkeit.
Weißt du, mein Junge, zu welchem Resultat ich gelangt bin? Ich bin überzeugt, daß das Wunder, das dir geschah, ein Zeichen des Himmels gewesen ist und daß ... (hier räusperte sich der Großvater verlegen) ... also daß ... daß also diese Frau, bei der du geblieben bist, die dich also eingeladen und abgehalten hat, so daß du den Unglückszug versäumtest ... also daß diese Frau nicht mehr und nicht weniger als ein Bote des Himmels gewesen ist! Ja, mein Junge, ein Himmelsbote ... Ganz im Sinne der Haschgoche protiss, der Aufsicht Gottes über jeden einzelnen. Sie wurde dir geschickt, um dich mit ihren Verlockungen aus der Zone größerer Gefahr hinwegzulocken ...
Der Novellist hielt inne und vergewisserte sich des Eindrucks, den sein Bericht auf die Zuhörer machte. Als er feststellte, wie gespannt man ihm lauschte, setzte er fort:
Nachdem nun der Großvater – immerhin ein Rabbiner, ein litauischer Rabbiner! – derart unerwartet und auf eine nahezu göttliche Art und Weise meine Verfehlung gründlich in Frage gestellt und durch gnädige Auslegung beantwortet hatte, beugte er sich verschmitzt und mit allem Charme seiner zweiundneunzig Jahre zu mir herüber und fragte:
Nun sag mir nur noch eins, Junge, warst du denn wenigstens zufrieden mit deinem Himmelsboten, ich meine mit einem Boten in dieser Gestalt? Oder hättest du es etwa lieber gesehen, wenn er dir mit Bart und Schläfenlocken erschienen wäre? Nun, sag die Wahrheit! Im Ernst, mein Junge – Großvaters Lä-

cheln versiegte –, du standest in großer Versuchung und bist ihr in unserer großen Schwachheit erlegen. Aber der Herr der Welt wird es dir in seiner Gnade nachsehen. Er hat es doch selbst so gewollt und dir diesen seinen Boten geschickt … Möge dich Gottes Arm auch weiterhin ständig behüten, beschirmen und vor allen Verlockungen und Gefahren bewahren … Und wenn – bei diesen Worten schlug mir der Großvater plötzlich munter und brüderlich auf die Schulter – du wieder einmal eines seiner Boten bedarfst, dann soll es ein Bote wie der vorige sein!

Dann setzte sich der Großvater seine Brille auf und wandte sich dem Folianten zu, der aufgeschlagen vor ihm lag. Mit leiser Stimme intonierte er: Amar rabbi jehuda – also sprach Rabbi Jehuda: Kol mah scheboro … Alles, was der Ewige, gelobt sei er! erschaffen hat in seiner Welt, hat er nicht umsonst erschaffen, kein einziges, was nicht seine Bestimmung hat …

Ich sprach dem Großvater Wort für Wort nach. Und ich gestehe, daß ich dabei unentwegt an Amanda dachte, war doch auch sie nicht umsonst erschaffen und erschienen. Und ich war mir sicher, daß mein guter, kluger und mit dem Herzen ewig jung gebliebener Großvater dasselbe dachte und diesen Schriftabschnitt höchst absichtsvoll für unsere heutige Lektion ausgewählt hatte …

Der Novellist war mit seiner Erzählung am Ende. Nach einer kleinen Pause meldete sich der Kritiker: Ja, mein Freund, wahrscheinlich ist das nun wirklich eine Novelle nach Goethes Geschmack: die Schilderung eines nicht gerade gewöhnlichen Vorgangs, endend in einem ungewöhnlichen Schluß, einem »Schlag mit der Faust«, wie du zu sagen beliebst. Ich kann dir nur raten, all dies aufzuschreiben.

Und der Novellist, der im Grunde nichts anderes als ein intimes Stück seiner Biographie preisgegeben hatte, folgte gehorsam.

■ Blöße ■

Dumpf hallte im Bad das fröhliche Geplätscher der Wassergüsse wider. Dampfschwaden umhüllten die nackten Gestalten, die hie und da wie Gespenster aus dem milchigen Nebel auftauchten.
Auf einmal teilten sich die Schwaden. Von der verschwitzten Tür her kam Klarheit. Eine bekleidete Person trat ein. Die munteren Gespräche verstummten. Wer im Sich-Einseifen begriffen gewesen war, hielt inne und beäugte den Neuankömmling. Irgendwie fühlten sich alle sonderbar berührt, so als schämten sie sich auf einmal ihrer natürlichen Blöße …
Plötzlich ließ sich eine Kinderstimme vernehmen: Schau mal, Vati, ein Onkel in Sachen. Schämt er sich denn gar nicht?
Das Bad, genauer gesagt: seine Insassen, verfiel in Gelächter. Die sekundenlange Verlegenheit wich der Überlegenheit der hierorts gültigen Ordnung. Durch den einfältigen Einwurf eines Kindes war allen bewußt geworden, daß nicht sie, sondern – wenn überhaupt wen – jenen Fremden Schamgefühl beschleichen müßte …

■ Stufen ■

Ich nahm einen älteren Bekannten mit zu mir nach Hause. Wir stiegen die Treppen hinauf. Auf der Hälfte der zweiten blieb er stehen, um zu verschnaufen. Ein schweres Stück Arbeit, sagte er. Wieviele Treppen sind es denn noch?
Fünf! sagte ich.
Und wieviele Stufen?
Um die Wahrheit zu sagen, ich weiß es nicht. Ich habe sie nie gezählt.
Wie? fragte er verwundert. Sie wissen nicht, wieviele Stufen Sie hinaufzusteigen haben? Wie lange wohnen Sie denn schon hier?
Über zehn Jahre.
Und da müssen Sie doch zwei- oder dreimal am Tag die Treppen hinauf und herunter, wenn ich es richtig einschätze. Das aber heißt, lassen Sie mich einen Augenblick überlegen, daß Sie im Lauf der Jahre, wenn wir 21/2 als Koeffizienten annehmen wollen, neuntausendeinhundertundfünfundzwanzigmal die Treppen allein in der einen Richtung bewältigen mußten. Und nicht ein einziges Mal sind Sie dabei auf den Gedanken gekommen, die Stufen zu zählen? Sie sind ein selten leichtsinniger, um nicht zu sagen: oberflächlicher Mensch!
Sein Blick war voller Verachtung. Und ich begann, mich meines Leichtsinns zu schämen. Mit letzter Kraft versuchte ich so etwas wie eine Verteidigung:
Das kommt sicher daher, weil ich meistens in Eile bin und gar nicht auf den Gedanken käme, auch noch die Stufen zu zählen!
Diesen Einwurf hätte ich mir sparen sollen. Mein Begleiter erhitzte sich:

Sie scheinen offensichtlich zu vergessen, daß auch Sie kein junger Mann mehr sind. In Ihrem Alter ziemte es sich, seine Schritte wohldosiert zu setzen. Man wird Sie mittlerweile wohl daran erinnern dürfen, wie?
Er betrachtete mich lange. Sehr lange und sehr gründlich. Unter seinem durchdringenden Blick beschloß ich, mich fortan gehörig in Gewalt zu nehmen und endlich meinem Alter und all seinen Geboten in bezug auf die ihm noch zustehende Gesundheit Tribut zu zollen …
Seit jenem Tag setzte ich meine Schritte mit Bedacht. Ich begann, die Stufen zu zählen. Ich brachte in Erfahrung, daß es genau hundert sind. Keine mehr und keine weniger. Zwei- oder dreimal am Tag stieg und steige ich sie hinauf und hinunter. Weiß Gott, keine leichte Sache. Und – um die ganze Wahrheit zu sagen – erst seitdem weiß ich um das Schwere der Prozedur meines alltäglichen Treppauf und Treppab. Verstärkt spüre ich, daß ich kein junger Mann mehr bin …
Allerdings: In dem Maße, wie ich mir bewußt werde, was ich mir da durch die penible Akkuratesse erst bewußt gemacht habe, lege ich's wieder ab. Ich denke gar nicht daran, dem Pensionär länger zu folgen. Weiß ich's doch für meine Person besser. Wehe, wenn ich beginne, die einzelnen Stufen zu zählen und alles zu berechnen. Um meinen Aufstieg zu bewerkstelligen, bedarf es meines Leichtsinns und meines Absehens von allen Stufen, Treppenabsätzen und Rängen.

■ Der leere Papierkorb ■

Zweimal im Monat kommt eine Aufwartung und bringt meine Wohnung in Ordnung. Sie schließt den Staubsauger an, fährt mit dem Tuch über die Bücher, putzt die Fenster, wachst das Parkett. Kurz, sie tut alles, was man von einer akkuraten Person nur verlangen kann. Jedesmal nach ihrem Weggehen spiegelt das Zimmer.

Aber sie ist weit mehr als eine penible Haushaltshilfe. Sie ist – ein intelligenter Mensch, eine fleißige Leserin. Und da sie weiß, was ich treibe, verwickelt sie mich ständig in Gespräche über Bücher, und oft trifft sie mit ihren klugen und scharfen Bemerkungen den Nagel auf den Kopf. Sobald sie mein Zimmer betritt, wirft sie als erstes einen Blick auf den Papierkorb unter meinem Schreibtisch. Ist er voll, sagt sie zufrieden:

»Ich gratuliere. Wie ich sehe, haben Sie in letzter Zeit viel geschafft!«

Ist der Papierkorb hingegen leer, schüttelt sie bedauernd den Kopf und sagt:

»Mir scheint, daß Sie mit der Arbeit nicht vorankommen …«

»Woher wollen Sie das wissen?« frage ich mit einem Lächeln voller Bitterkeit, denn die Frau hat, was will man machen, recht. Es geht wirklich nicht voran. Aber ich versuche noch, meine schriftstellerische Ehre zu retten und mich selbst zu trösten. Mit einem dozierenden Unterton sage ich:

»Ein leerer Papierkorb ist doch der beste Beweis für den ertragreichen Fortgang des Schreibens, es war eben nichts da, was in den Papierkorb hätte wandern müssen …«

»Das können Sie mir und sich nicht weismachen«, unterbricht sie mich, »ich bin ein erfahrener Mensch, arbeite schon seit Jahren bei Schriftstellern und weiß, daß man mehr streicht als schreibt, wenn man an einem Buch arbeitet. Und ist der Papierkorb leer, kann man sicher sein, daß das Buch nie und nimmer etwas wird!«

Sie macht sich rasch an die Arbeit, schaltet den Staubsauger ein, und sein einverständiges Brummen unterstreicht ihre kategorische Ansicht, daß aus einem leeren Papierkorb kein gutes Buch kommt.

Hat meine akkurate Haushaltshilfe und strenge Kritikerin schließlich ihr Werk getan, verabschiedet sie sich mit einem vielwissenden Lächeln:

»Passen Sie auf, das nächste Mal wird Ihr Papierkorb wieder voll sein.«

Und ich glaub's.

Er trat in mein Zimmer, ein dickbäuchiges Heft unterm Arm, und begann ohne lange Vorrede:
Endlich treffe ich Sie! Schon vor einem halben Jahr war ich vor Ihrer Tür. Damals hat man mir gesagt, Sie wären für längere Zeit verreist. Nun bin ich wiedergekommen und will Ihnen meine Gedichte zeigen und Ihr fachmännisches Urteil hören.
Er legte das Heft auf den Tisch. Ich durchblätterte es. In kalligraphischer Manier stand auf jeder Seite ein Gedicht. Die Zeilen gezirkelt, die Buchstaben soldatisch stramm. Alles wie gedruckt. Auf keiner Seite entdeckte ich eine Korrektur oder den Ansatz zu einer Verbesserung.
Wann haben Sie das geschrieben? fragte ich den Dichter. Wann? Zu verschiedenen Zeiten und zu unterschiedlichsten Gelegenheiten …
Das meine ich nicht, sagte ich. Ich möchte wissen, wann Sie Ihre Gedichte in dieses Heft eintrugen?
Schön, nicht wahr? Er strahlte vor Stolz. Das ist schon eine Weile her, länger als ein halbes Jahr. Extra für Sie. Sie sollten keine Schwierigkeiten mit dem Lesen haben …
Und während dieser ganzen Zeit haben Sie keine Verbesserungen angebracht, keine Änderungen vorgenommen?
Weshalb Änderungen und Verbesserungen? fragte er verwundert. Wozu sollte das nötig sein? Die Gedichte sind doch ein für allemal fertig und warten allein auf Ihre fachmännische Beurteilung!
Ich reichte dem Dichter sein Heft zurück und sagte so sanft wie möglich:
Entscheiden Sie sich, solange es noch Zeit ist, für ein richtiges Handwerk. Vielleicht wären Setzer oder Typograph das Geeignete? Ich sehe, Sie haben das Zeug dazu.
Ist das alles, was Sie mir sagen können? fragte der

junge Mann unüberhörbar enttäuscht. Ich dachte, ich bekäme von Ihnen einen fachmännischen Rat. Und nun haben Sie es nicht mal für nötig gefunden, wenigstens eines der Gedichte zu lesen …
Warum auch? sagte ich. Auch ohne Lektüre weiß ich das Resümee. Denn wenn Sie Ihre Gedichte ein halbes Jahr lang in Ihrer Nähe hatten, ohne daß es Sie drängte, auch nur das geringste zu ändern …
Ungehalten unterbrach er mich: Wieso wollen Sie denn nicht verstehen, daß die Gedichte fertig sind? Was soll ich an ihnen herumändern, wenn ich mit ihnen zufrieden bin?
Genau das meine ich! gab ich zurück. Daß mehrere Monate vergehen konnten und daß Sie mit Ihrem Geschriebenen immer noch zufrieden sind, ist mir ein Zeichen für die Richtigkeit meiner Empfehlung. Glauben Sie mir, Sie sollten ein Handwerk erlernen …
Als gälte es, sein Heft vor Räubern zu retten, griff er nach ihm und stürmte grußlos hinaus. Felsenfest davon überzeugt, ohne den Rat eines Fachmanns geblieben zu sein.

Mein guter, ehrlicher Vater hat mir keine irdischen Reichtümer hinterlassen. Was er mir hinterließ, war ein Reichtum anderer Art: das Vermögen enthusiastischer Begeisterungsfähigkeit angesichts der Wunder, die uns alltäglich begleiten und umgeben. In Einklang mit seiner gottesfürchtigen Art, die alles Wunderbare und jedes Wunder dem Höchsten im Himmel zuschrieb, lehrte er mich beizeiten, die gehörigen Segenssprüche zu sagen, jene Broches, mit denen der Gläubige dem Allmächtigen flüsternd seinen Dank abstattet …

Begegnest du einem Menschen, der sich durch seinen Verstand und seine Taten ausgezeichnet hat, dann vergiß nicht, dem Schöpfer dafür zu danken, daß er dem Menschen einen Bruchteil seiner eigenen Größe verlieh!

Ißt du Brot, trinkst du Wasser, genießt du eine Frucht – versäume nicht, dem Allmächtigen für all die herrlichen Dinge zu danken, die er dem Menschen zu Nutz und Frommen erschuf … Du weißt, daß wir in einer Welt voller Wunder leben, deshalb höre nie auf, sie gehörig zu bestaunen und dankbar zu bedenken, denn noch im einfachsten Ding verbirgt sich ein Teil seines Mysteriums! Also dankte ich, dankte kindlichen Gemüts dem Schöpfer für alle Wunder, die sich nah und fern ereigneten. Nie versäumte ich es, die entsprechende Broche mit Andacht zu sagen.

Später jedoch, als ich einigen Einblick gewann in die Geheimnisse von Welt und Natur – was ich jetzt gestehe, mag unter uns bleiben! –, hörte ich auf, meinen Dank direkt an jenen Schöpfer zu adressieren, von dem mein Vater mit soviel naiver Frömmigkeit zu sprechen gewußt hatte. Dennoch minderte es um kein Haar meine Begeisterung und mein Erstaunen. Wie in der Kindheit bin ich noch heute im Blick auf die alltäglichen Wunder entflamm- und dankbar. Nur daß mein Dank jetzt weniger meinem himmlischen als vielmehr meinem irdischen Vater gilt, der es in seiner gottesfürchtigen Art vermochte, mir frühzeitig das Herz und die Augen zu öffnen.

Von der ewigen Wahrheit, daß jeder Mensch eine Welt für sich ist, hielt er wenig. In seinen Augen glichen sich die Menschen wie ein Wassertropfen dem anderen. Nicht nur, daß er sie vom Äußeren her für austauschbar hielt, nein, auch im Geistigen vermochte er ihnen nichts herausragend Eigenes zuzugestehen. Um sich selbst zu beweisen, daß er im Recht sei, suchte und entdeckte er unentwegt Menschen, die ihm seine Ansicht von der Unoriginalität des einzelnen zu bekräftigen schienen: Menschen ohne eigenes Profil, wie er zu sagen beliebte. Mit ihm durch die Stadt zu gehen wurde für seine Begleiter zur Qual. Denn auf Schritt und Tritt triumphierte er:
»Nun sehen Sie bloß mal diesen Menschen im grauen Mantel!
Ist er nicht ganz und gar Z's Abbild?
Und die Dame dort bei der Vitrine, könnte sie nicht die Zwillingsschwester von Frau L. sein?«
Ob er ein Buch gelesen, einen Film gesehen oder einen Vortrag gehört hatte, nie ließ er die Gelegenheit zu einer abschätzigen Bemerkung ungenutzt verstreichen: »Dergleichen las ich bereits bei S., dies sah ich bei G., jenes ist mir sattsam aus dem Referat von K. vertraut. Alles nichts Neues, nichts Eigenes, kein Funke von Originalität.«
Als ich einmal einem Freund mein Leid mit diesem Misanthropen klagte, lächelte der nur und sagte: »Weiß Gott, ein einzigartiger Mensch. Bitte, sei so gut und verschaffe mir seine Bekanntschaft!«
Wenig später brachte ich die beiden zusammen. Und es dauerte nicht lange, bis der Misanthrop auch seinem neuen Bekannten gegenüber das Thema von der

Austauschbarkeit, Gesichts- und Profillosigkeit des Menschen angeschlagen hatte.
Mein Freund schien begeistert. »Oh«, sagte er, »Ihre Ansichten sind nicht von der Hand zu weisen. Die Menschen unterscheiden sich heute in nichts mehr. Was der eine hat, besitzt auch der zweite ...«
»Nicht wahr?« hakte der Misanthrop erfreut ein.
»Ja, natürlich«, bekräftigte mein Freund. »Sie, zum Beispiel, sind einem meiner Bekannten wie aus dem Gesicht geschnitten. Anfangs war ich verblüfft, aber nun, wo ich mit Ihnen im Gespräch bin und die völlige Übereinstimmung Ihrer Meinungen mit denen des Schriftstellers Sch. entdecke, gerate ich von der Verblüffung zu tieferer Erkenntnis. In der Tat, Sie haben recht, hundertprozentig recht!«
Der Misanthrop erbleichte. Unbeholfen und lautlos, nach Art an Land gezogener Fische, bewegte er die Lippen. Wie verloren starrte er an meinem Freund vorbei ins Leere ...

Ich erinnere mich schon nicht mehr, weshalb wir uns derart gestritten hatten – ich und meine zehnjährige Schwester. Doch zu guter Letzt hatte sich herausgestellt, daß ich im Recht gewesen war. Sie mußte nachgeben, und ich reizte sie mit meiner Rechthaberei aufs äußerste.

Als unser Vater sah, wie sie weinte, nahm er mich beiseite und fragte nach dem Grund unseres Streits. Ich klärte ihn auf und endete selbstgefällig: Jetzt weint sie, weil ich im Recht bin und nicht sie. Das schmeckt ihr nicht ...

Bist du sicher, daß du im Recht bist? fragte der Vater.

Natürlich bin ich im Recht! Das wird dir jeder bestätigen, den du fragst! gab ich hochmütig zurück.

Doch mein Vater fragte niemanden. Statt dessen unterzog er sich der Mühe, mich darüber aufzuklären, daß, wenn zwei sich streiten und einer recht zu haben glaubt, sich gerade für diesen der Versuch lohnt, sich in die Rolle des anderen zu denken. Möglicherweise wird er dann begreifen, daß auch dieser recht hat, sich zumindest rechtens im Rechte zu sein glaubt ...

Denke niemals, sagte der Vater, daß das Recht allein auf deiner Seite ist und du alles besser weißt als die anderen. Jeder einzelne hat auf seine Art und Weise recht. Und auch das sollst du wissen: Oft gewinnt der Verlierer mehr als der Sieger, denn er lernt aus seinen Niederlagen. Doch der, der im Eifer des Gefechts die Krone erringt und sich mit ihr gefällt, sich gar einbildet, er wisse alles und bedürfe keiner weiteren Unterweisung ...

Meines Vaters Betrachtungen störten mich. Was sollte das heißen: im Eifer des Gefechts die Krone erringen und dennoch unterliegen? Verlierer sein und dennoch mehr gewinnen als der Sieger? Wie sollte sich das alles zusammenreimen?

Die Erfahrungen meiner späteren Jahre bestätigten den Vater. Denn genauso geht es im Leben zu. Und noch eine weitere Lehre meines väterlichen Mentors kam mir zustatten: Selbst wenn man aus einer Streitigkeit eindeutig als Sieger hervorgeht und allen Grund hätte, sich gehörig zu brüsten, sollte man des Gegners in Barmherzigkeit gedenken und ihm eine Tür offenhalten: jene, durch die er ohne Gesichtsverlust und ohne Verlust seiner Würde, ohne Kränkung seiner Eigenliebe entfliehen kann.

■ Eine Perlenkette ■

Die junge Frau saß in ihrem Fauteuil und sprach mit den Männern, die sie im Halbkreis umstanden. Während sie sprach, zupfte sie unentwegt an ihrer Perlenkette. Plötzlich schrie sie auf. Die Schnur war gerissen, und die Perlen prasselten auf das Parkett. Ein Tumult entstand. Alles versuchte, die wegrollenden Perlen auf- und einzufangen. Aber die Perlen entglitten dem Zugriff und sprangen davon wie lebendige Geschöpfe.

Wie schwer es ist, diese Perlen zu fangen! sagte ein älterer Mensch, der dem allgemeinen Treiben seelenruhig zusah, zu einem zweiten. Sobald sie ihren Weg gefunden haben, bringt sie nichts mehr zurück auf die Schnur …

Sie wissen aber nicht, bemerkte der andere, daß sie gerade jetzt, wo sie ihre Vereinzelung so augenscheinlich genießen, erheblich an Wert verlieren. Prächtig zu schmücken, vermögen sie erst, wenn sie sich aufreihen lassen. Das – fügte er nachdenklich hinzu – macht sie den menschlichen Ideen und Gedanken vergleichbar. Vereinzelt, für sich genommen, gehen und führen sie in die Irre. Erst wenn sie sich zu harmonischer Gänze, zur Ergänzung des einen durch den anderen, auf der Schnur menschlicher Vernunft verstehen, gereichen sie einem Lebensweg zur Zierde, ähneln sie der Perlenkette am Hals einer schönen Frau.

Aufgeregt und völlig durcheinander wählte ich die Nummer des Pasteur-Instituts. Endlich meldete sich der Serologe vom Dienst.
Hören Sie, rief ich, soeben hat mich ein Mensch gebissen …
Ein Syphilitiker? fragte der Doktor.
Schlimmer!
Ein Pestkranker etwa oder gar ein Tollwütiger?
Wo denken Sie hin, Doktor? Nein, dem Menschen selbst scheint nichts zu fehlen. Er verfügt über die feinsten Manieren und hat ein Lächeln wie Honig. Bloß seine Zunge ist von beißender Giftigkeit …
Oh ich verstehe, sagte der Serologe. Das ist allerdings ein schwieriger Fall. Dagegen ist ein Hundebiß gar nichts. Aber verzweifeln Sie nicht! Ich werde Ihnen etwas injizieren, das wird helfen.
Wunderbar! rief ich erfreut. Haben Sie vielen Dank. Wann kann ich kommen?
Bleiben Sie, wo Sie sind, entgegnete er. Holen Sie sich etwas zum Schreiben. Ich diktiere Ihnen jetzt die Zusammensetzung des entsprechenden Serums, und alles übrige werden Sie selbst besorgen.
Und er diktierte mir den prozentualen Anteil und die Namen der einzelnen Bestandteile. Die Liste wurde lang und länger. Als ich fast am Ende der Seite war, fragte er:
Haben Sie alles?
Ich glaube ja, sagte ich.
Gut. Ausgezeichnet. Dann nehmen Sie jetzt das Blatt und zerreißen es in lauter kleine Stücke.
Wie? Was? fragte ich. Das Blatt mit all den Ingredienzien?

Was sonst? sagte er. Auf dem Papier nützt es Ihnen ohnehin nichts. Intus müssen Sie's haben.
Die Schärfe seines Tons ließ die Hörmuschel knacken und mich – aus dem Schlaf erwachen.
Im Alltagstrubel geriet mir das meiste von dem, was der Doktor diktatorisch verordnet hatte, aus dem Gedächtnis. Das meiste, aber nicht alles. In irgendeinem Gehirnwinkel hatte ich gespeichert, daß von Geduld die Rede gewesen war, von weitestgehendem Verständnis für die Schwächen des anderen, von Selbstbeherrschung und einem gewissen Sinn für Humor ... Zu guter Letzt war das Diktat auch noch auf den eingeborenen Egozentrismus gekommen. An das Mischungsverhältnis jedoch erinnerte ich nicht mehr. Von daher gelang und gelingt es mir wohl bis heute nicht, jenes Serum zu mixen. Vermutlich bringe ich das Mischungsverhältnis durcheinander. Nicht aus purer Willkür, sondern allein deshalb, weil meine Hausapotheke von dem einen oder dem anderen Wirkstoff nicht genügend oder einfach zuviel hergibt. Entweder mangelt es mir an Geduld und Selbstbeherrschung oder an Verständnis für die Schwächen anderer und an Humor, der Fähigkeit zur Selbstironie. Was den Egozentrismus anbelangt, davon habe ich – weiß Gott! – zuviel, damit kann ich dienen. Nun rate mir einer, wie ich jenes Anti-Menschenbiß-Serum herstellen soll?!

Verfroren alles … Unter schneeweiß dichter Decke
ruht glasig eingeschreint das Meer;
was einmal stürmte, stockt im eisigen Verstecke,
was einmal lohte, flackert leer.

Und dennoch weiß ich: Alles wird sich wenden,
ein Frühling wird das Meer befreien,
das Tosen seiner Wellen wird an allen Enden
aufbrandend zu vernehmen sein …

Zigjahrmillionenlang im Auf und Ab erfahren,
trägt es die Last der Jahre leicht …
Wie anders ich, den schon nach kurzen Jahren
verzehrend Abschiedsschmerz beschleicht:

Mein Gott, warum ist nur dem Meer gestattet,
das Eis zu sprengen und sich jährlich zu erneuen?
Ich – herzlich gänzlich unermattet –
geh' grau und greis vor Kälte ein …

Ein großer Feiertag kündet sich an – der Feiertag des Frühlings. Seine baldige Ankunft erfüllt die Natur mit Herzklopfen, Spannung und stürmischer Freude.
Noch verhängt graues Linnen den Himmel, und auf der gefrorenen Erde blecken Klumpen verschmutzten Schnees ihre stumpfen Zähne. Unter gläserner Decke regt sich noch immer des Flusses verhaltener Atem – da naht mit sanftem Flattern ein windiges Lüftchen. Zärtlich umfächelt es die bedrückte Natur und offenbart ihr ein süßes Geheimnis. Von da an rüstet sie sich mit Ungeduld zum Empfang des verheißenen Festtags. Im Klang silberner Glöckchen läßt sie die Decke eisüberzogener Teiche zerspringen, bis zum Zerreißen spannt sie die Lüfte, wie Saiten einer goldenen Harfe. Zweige, in Winterstürmen gekrümmt, richtet sie auf. In die Stämme der erstarrten Bäume schickt sie belebende Säfte …
Mit jedem Tag wird sie dreister. Hier holt sie mit Gewalt ihre letzten Ersparnisse hervor und hängt sie – gleich Girlanden in einem Hochzeitssaal – in die Bäume; dort jagt sie geräuschvoll Bächen nach, die sich an ihrem eigenen ausgelassenen Geriesel verschlucken; und da läßt sie den Anfangsruf der Geschöpfe, die der Süße ihres natürlichen Verlangens bis zur Ohnmacht erliegen, in einer hellen Mondnacht ertönen … Immer erfolgreicher zieht sie für ihr frühlingshaftes Erblühen ins Feld. Jeden Tag, jede Nacht. Und wenn dann der Frühling gekommen ist und sie sich – wie man denken sollte – ausruhen könnte, läßt die Spannung nicht nach. Unaufhörlich entspringen dem Schoß der erwärmten Erde neue geheimnisvolle Kräfte. Die Natur rüstet sich zu. Ein

weiterer Festtag steht ins Haus: der hohe Tag sommerlicher Reife.
Uns geht es nicht anders. Auch in uns gären und strömen die Säfte. Im Aufbegehren des Jugendfrühlings, im scheuerfüllenden Sommer der Reife. Lebenslang dauert der Kampf um Erfolg und Verwirklichung. Und haben wir erreicht, was wir wollten, ändert alle Herrlichkeit des Erreichten nichts am Kreislauf der Dinge: Immer von neuem beginnt, was wir unendlich zu enden suchen.

■ Lange Jahre – kurze Jahre ■

Nach langjährigem Forschen und Experimentieren gelangte ein amerikanischer Wissenschaftler zu der Annahme, daß das beste Mittel zur Lebensverlängerung der Schlaf ist. Zu Kronzeugen für seine Theorie wurden ihm die Fledermäuse. Die Anabiose, ihr monatelanges Versinken in den Winterschlaf, garantiert ihnen ein zwanzigmal längeres Leben als jenen Geschöpfen, denen derlei fremd ist. Wenn auch der Mensch, so lautete die Rechnung des ehrenwerten Gelehrten, sich auf den Winterschlaf verstünde, könnte er es statt seiner durchschnittlich siebzig Lebensjahre auf tausendvierhundert bringen. Versteht sich, daß solche Kunde mein Herz erwärmte. Eine schöne Aussicht, noch derart viel Jahre vor sich zu haben! Und alles um den Preis einer Winzigkeit: Schlafen …

Den Bleistift in der Hand, begann ich sofort zu rechnen und zu planen, was ich im Laufe einer solchen Lebensspanne noch alles anstellen und in Bewegung setzen könnte. Doch je mehr ich ins einzelne ging, desto geringer wurden meine Hoffnungen. Die Kalkulation erwies, daß ich nicht allzuviel Vergnügen an den so großzügig zugesagten tausendvierhundert Jahren haben würde. Bedauerlicherweise ergaben meine Rechnungen summa summarum mehr Minus als Plus.

Das klingt paradox? Weiß Gott, mir auch. Und deshalb, verehrter Leser, lassen Sie mich im Folgenden die Rechnung schwarz auf weiß machen: Wenn wir also davon ausgehen, daß ich Herbst, Winter und Winterausklang verschlafe, reduziert sich meine nutzbare Lebenserwartung mit einem Schlag auf die

Hälfte. Das heißt: Mir bleiben gerade noch siebenhundert Jahre.
Von diesen siebenhundert Jahren geht außerdem jene Zeit ab, die ich gewöhnlich brauche, um mich auf den Schlaf vorzubereiten, das Warten aufs Schwerwerden der Lider, das Herumdrehen von der einen auf die andere Seite und so weiter. Ferner subtrahiert sich jene Zeit, die ich zum Erwachen und Aufstehen benötige, jene langen Momente der Rückkehr und jenes tastenden Sich-erst-wieder-Zurechtfindens … Bitte, sagen Sie selbst, ist das ein Zustand, in dem sich etwas Vernünftiges anfangen ließe? Na also! Jahre gehen mir derart verloren. Auch bei großzügigster Raffung solcher Verlustzeiten kann ich ehrlicherweise nicht anders, als mir von meinen eingangs verbliebenen siebenhundert Jahren selber fünfzig abzuziehen. Bleiben: sechshundertfünfzig.
Aber sehen wir weiter: Unter den heutigen Gegebenheiten einer durchschnittlich siebzigjährigen Lebenserwartung ist mir jeder einzelne Tag kostbar. Ich bemühe mich, ihn nicht verlorengehenzulassen, ihn produktiv zu nutzen. Wüßte ich jedoch, daß ich noch über ein zeitliches Vermögen von rund sechshundertfünfzig Jahren verfügte, was triebe mich da zur Eile? Ach, dächte ich, was soll dieses tägliche Gehetze und Gejage? Ich verschöbe, was mir gestern noch unaufschiebbar war, von heute auf morgen, von einer Woche auf die zweite, von einem Monat auf den folgenden, von einem Jahr aufs andere, von einem Jahrzehnt aufs nächste und – nun soll's mir schon recht sein – von diesem Jahrhundert aufs kommende …
Währenddem gehen die Jahre dahin. Und dieses fortwährende Vertagen, Vermonden und Verjähren kostet mich wiederum – nach meiner Rechnung – insgesamt rund zweihundert Jahre. Verbleiben mir: vierhundertundfünfzig. Ziehe ich an dieser Stelle – irgendwann muß es mal sein – die mir ohnehin schon bis heute zugestandenen siebzig Lebensjahre ab, verringert sich

das Maß der geschenkten Jahre auf dreihundertundachtzig.
Nun sagen Sie mir bitte im Ernst, wieviele und welche Geschichten macht man noch groß mit geschenkten dreihundertundachtzig Jahren? Man verschwendet sie, man wirft mit ihnen herum, man vertändelt und vertanzt sie ... Und – ich bin da beileibe kein Einzelfall! – angesichts solch eines »Geschenks« an Zeit passieren einem die dümmsten Sachen, versteift man sich auf soviele Verrücktheiten, Taktlosigkeiten und weiß der Teufel was noch, daß einem letztendlich nur eines zu sagen bleibt: Geschenkt! Wie nichts gehen da hundert, zweihundert Jahre über den Jordan. So daß ich nicht einmal wissen will, wie ...
Worauf läuft's hinaus? Auf einhundertundachtzig Jahre, die mir letztlich verbleiben. Wenn ich da gewissenhaft überlege und erneut zu rechnen beginne, wird mir dunkel vor Augen. Diese hundertundachtzig Jahre waren, wären und sind nur zu führen, standen, stünden und stehen mir nur zur Verfügung, wenn ich bereit wäre – gewiß eine Kleinigkeit! – die Existenzform und -weise einer Fledermaus zu teilen.
Genau überlegt, paßt mir die ganze Sache nicht. Denn ich passe nicht in sie. Ich verzichte mit Dank auf das verlockend erscheinende Geschenk. Mag die Fledermaus leben, wie und solange sie will. Mein bißchen Leben, das bitte ich mir aus, will ich versuchen, menschlich zu leben, das heißt: als Mensch.

■ Noli turbare! ■

Die achtjährige Dinah zeichnet mit einer Rute Striche und Kreise in den Sand. Bestandteile eines werdenden Gemäldes. Gänzlich versunken, verrichtet die kleine Künstlerin ihre Arbeit. Die Zunge huscht über die feuchten Lippen, die Augen funkeln. Sie ist derart bei der Sache, daß sie mein Hinzutreten nicht bemerkt hat. Erst als ich noch einen Schritt in ihre Richtung mache, schrickt sie auf. Sie hebt ihren Kopf, mustert mich aufgebracht von oben bis unten und ruft zornig: »Nicht anrührn, meine Kreise!«

Überrascht durch ihr hitziges Aufbegehren, trete ich erschrocken zurück. Einen Schritt und noch einen. Jeder Schritt ein Jahrtausend. Und ich habe die Szene vor Augen, als der gleiche Ausruf erstmals erklang. Als in der von römischen Truppen besetzten Stadt Syrakus jemand lebte, der Archimedes hieß. Ein römischer Legionär sah, wie dieser Archimedes, in Formeln und Berechnungen versunken, rom- und weltabgewandt, Figuren in den Sand seines Gartens zeichnete. Solch Tun beargwöhnend, trat der Legionär nach Art der Legionäre kräftig hinzu. Und Archimedes rief, ehe der Legionär ihn niederstach, sein berühmtes »Noli turbare circulos meos – Störe meine Kreise nicht!«

Ähnelt die kleine Dinah in ihrem roten Mäntelchen nicht jenem bärtigen Archimedes in seinem geflickten Chiton*? Denkt doch auch sie, exakt wie jener abgerissene Mathematiker der Antike, daß nichts wichtiger sei als ihre Figuren, wichtiger als alles um sie herum, bedeutungsvoller als alle Kriege und Siege, alle Legionäre und sonstigen Spaziergänger.

Noli turbare – störe nicht! Dieser Ruf ist heilig. Er

zieht sich wie ein roter Faden durch die Jahrtausende, von Archimedes über Dinah bis in die Ewigkeit. Und immer wenn jemand versucht – sei es mit Waffengewalt oder Rankünen der Dummheit, sei es aus blindem Haß oder eitlem Hochmut –, die wie in den Sand gezeichneten Figuren und Kreise eines schöpferischen Wesens zu verwischen und auszulöschen, erhebt sich über Generationen und Welten der mächtige, leidenschaftliche, zornige Ruf des scheinbar so unbeholfenen Künstlers.
Noli turbare circulos meos!

Die Straße, in der ich wohne, ist eng und schmal. Schaue ich durchs Fenster, habe ich ungewollt Einblick in etliche Zimmer der Wohnungen gegenüber.
Einmal blieb mein Blick an einem dieser Fenster hängen. Und da – ich gestehe es unumwunden – erwachte meine Neugier. Hinter der Gardine verborgen, nahm ich jahrelang Anteil an jenem Leben, das sich im Ausschnitt dieses Zimmers einer Einraumwohnung vollzog.
Ein älteres Ehepaar wohnte dort. Der Mann war, allem Anschein nach, ein Literat. Fast immer sah ich ihn am Schreibtisch arbeiten oder an der Schreibmaschine diktieren. Mehr als er jedoch erregte die Frau mein ständig wachsendes Interesse. Und sie ist es denn auch, der mein Erzählen gilt.
Sie war flink, ohne hastig zu sein. Sie war besorgt, ohne Ängstlichkeit zu zeigen. Stets war sie mit irgendeiner Sache beschäftigt. Und alles, was sie unternahm, kam der Wohnlichkeit und Behaglichkeit des Zimmers zugute. Eines Zimmers, das ohnehin reinlich strahlte. Zärtlich goß sie die Pflanzen und Blumen, deren Fülle an Formen und Farben leuchtend aus jedem Winkel des Zimmers zu quellen schien. Ich sah, wie sie mit geübten Fingern ein weißes Leinen kunstvoll mit vielfarbiger Stickerei versah. Am häufigsten aber erblickte ich sie an der Schreibmaschine, wo ihr der Mann diktierte. Und soviele Pianisten ich in meinem Leben auch schon gesehen und bewundert habe – keiner von ihnen hat je mit solch melodischer Hingabe vor seinem Flügel gesessen wie diese bescheidene Frau vor der Schreibmaschine, und keiner

hat je seine Finger mit solcher Anmut über die Klaviatur gleiten lassen wie sie die ihren über die blecherne Tastatur.
Hinter der Gardine stehend, sah ich des öfteren, wie der Mann plötzlich innehielt im Diktieren, aufsprang aus seinem Stuhl und hastig die Stube durchquerte. Er lief hin und zurück, es schien, als schlüge er sich mit einem Gedanken, einem Wort herum. Ich sah, wie er sich mit der Frau beriet und bald beruhigt an seinen Platz zurückkehrte. Sein Gesicht leuchtete, und ich verstand warum. Sie hatte ihm mit einem Wort ausgeholfen, ihm einen klugen Rat gegeben. Und das Diktieren und Schreiben ging weiter. Unter den klugen und flinken Fingern der Frau erklang alsbald eine wunderbare Musik. Eine Musik, die ich nicht hörte, sondern fühlte. Eine Musik, mit der diese Frau in ihrer Treue und ihrer unbezwingbaren Anmut alles in ihrer Nähe belebte.
Von Zeit zu Zeit sah ich, wie Gäste in der gegenüberliegenden Wohnung empfangen wurden. An solchen Abenden glitzerte das Licht vergnügt in den Prismen des Lüsters und im Schliff der Karaffen auf dem festlich gedeckten Tisch. Sein Arrangement und die zahlreichen Blumen, leuchtend in allen Farben, versetzten das Gemüt in gehobene Stimmung. Aber mehr als alles andere glänzten und strahlten die Augen der Gastgeberin. Sie leuchteten und funkelten, erhellt durch die glückliche Gelegenheit, anderen Menschen Vergnügen zu bereiten.
Und dann wieder die Abende, an denen meine Nachbarn mit sich allein waren. Sie saßen vor dem Rundfunkempfänger. Was er übertrug, blieb mir unhörbar. Doch ich bedurfte dieses Wissens auch nicht. Denn das augenblickslang aufgeheiterte, dann wieder traurig verschattete Gesicht der Frau gab mir alle Auskunft. Ich atmete einen Atem mit ihr, teilte jede Bewegung ihres Gemüts. Ungeachtet dessen, daß ich nichts vernahm, nahm ich Anteil an ihrer Beglük-

kung. Noch spät in den Nächten erhellte ein Schein aus dieser Wohnung die ringsum erloschen liegende Gegend. Ich sah, wie die Frau in ihrem Bett las. Mit diesem Genuß nahm sie ständig Abschied vom Tag, der so reich gewesen war an Freude, Mühe, Melancholie und mancher Herzlichkeit.
Und wenn ich müde meinen Platz am Fenster verließ, blieb sie mit ihrer Lektüre noch lange wach. Mich wiegte der Gedanke an den kommenden Morgen in Schlaf. Einem Morgen, an dem mich erneut die Strahlen einer milden Sonne wärmen würden, ausgesandt von meiner unbekannten Bekannten, die von alldem nicht das geringste wußte.
Einmal, ich war soeben von einer längeren Reise zurückgekehrt, lief ich als erstes zum Fenster. Ich wollte endlich die Frau wiedersehen, nach der ich mich während meiner Abwesenheit so gesehnt hatte. Aber irgend etwas war anders als sonst.
Meine Augen, die sich schon gänzlich an die Ordnung und Reinheit der gegenüberliegenden Wohnung gewöhnt hatten, stießen sich plötzlich am Fall der nachlässig aufgezogenen Gardinen. Hinter erblindenden Fensterscheiben ließ eine Topfblume traurig ihren Blütenkopf hängen. All das verhieß mir nichts Gutes. Und noch mehr erschrak ich, als ich gewahrte, wie sich eine gekrümmte Gestalt schleppend in der Wohnung zu schaffen machte. Eine Gestalt, in der ich nur mühsam den unlängst noch so dynamisch wirkenden Mann der Frau von gegenüber erkannte.
Ich wartete. Ohne zu wissen, worauf. Stundenlang. Als ich schließlich sah, wie der Mann unten das Haus verließ, lief ich, so rasch ich konnte, die Treppe hinunter und ging ihm nach. Als ich ihn eingeholt hatte, sprach ich ihn, ohne lange zu überlegen, an und fragte ihn geradenwegs nach dem Ergehen seiner Frau. Anfangs schien er mich überhaupt nicht zu verstehen. Eine Zeitlang blieb er ganz stumm. Lediglich die

verzweifelten Bewegungen seiner zitternden Hände gaben mir Bescheid.
Wie konnte, fragte ich erschüttert, das bloß geschehen? Es war doch soviel Leben in ihr ... Es ist einfach nicht zu fassen ...
Sie kannten meine Frau? fragte der Mann, so als fürchtete er, aus meinem Munde eine schreckliche Wahrheit zu erfahren.
Ja, ich kannte sie! sagte ich. Ich kannte ihre Herzlichkeit, ihre Lebensfreude, ihre Gastfreundschaft, ihre Menschenliebe. Wenngleich ich ihr nie direkt begegnet bin ...
Dann müssen Sie, sagte der Mann, der Mann von gegenüber sein!
Nun war es an mir, mich zu wundern. Woher wissen Sie? fragte ich verblüfft.
Sind Sie etwa nicht der Mann, der uns stets und ständig beobachtet hat? gab er zurück.
Sie haben das also gewußt?! sagte ich beschämt.
Der Mann legte mir freundschaftlich seine Hand auf die Schulter. Natürlich wußten wir! sagte er still. Natürlich haben wir das gewußt. Ihr entging doch nichts, was irgendwie mit Menschen oder mit Menschlichkeit zu tun hatte ... Ich weiß noch, wie sie eines Tages zu mir sagte: »Schau mal, dort drüben steht ein Mann hinter der Gardine und blickt unentwegt zu uns herüber ...« Nun müssen Sie wissen, daß ich von Natur aus ein verschlossener Mensch bin. Mit einer Neigung zum Jähzorn. Also war ich drauf und dran, Ihnen die gehörige Lektion zu erteilen. Da sagte sie: »Laß es! Vertreib' ihn nicht. Er meint es nicht böse. Ich habe mich umgehört, er ist nichts weiter als einsam. Und da sehnt er sich natürlich nach einem bißchen familiärer Geborgenheit. Wir dürfen ihn jetzt nicht verschrecken. Im Gegenteil. Wir müssen froh sein, daß unser Zuhause – und sei es auch nur von außen, im Blick durch ein Fenster – irgend jemandem ein wenig Wärme gibt ...«

Ja, seufzte er und wandte sich ab. So war sie, so ist sie gewesen … Und nach einer Weile setzte er hinzu: Oft hat sie sich Ihrer erinnert und häufig darüber nachgedacht, wie wir es anstellen könnten, sie zu uns einzuladen, ohne Sie zu kränken. Aber das zu erleben, war ihr schon nicht mehr vergönnt … Und jetzt – seine Mundwinkel zuckten bitter – ist Ihnen nicht einmal mehr der Blick durch das Fenster geblieben …
Lange hielt ich seine Hand in der meinen. Als ich in mein Zimmer zurückkehrte, erschien es mir verwaist und unendlich verarmt. Gewohnheitsmäßig bezog ich meinen Platz hinter der Gardine.
Unauslöschbar bleibt mir das Bild jener liebreizenden Frau, die mit dem Beispiel ihres Lebens auch mein Leben mit Freude, Helle und Herzlichkeit erfüllte. Und in meiner Trauer um diese Frau tröstet mich der Gedanke, daß mir das Glück zufiel, nahezu unerwählt und ungewollt das richtige Fenster vor Augen gehabt zu haben.

Das Abendbrot dem Feinde!

Und nun lassen Sie uns aus der Welt des Geistes wieder auf die Erde zurückkehren, sagte ich zu meinem Gast, mit dem ich angeregt die Zeit verplaudert hatte. Sie bleiben doch bei mir zum Abendbrot!
Er dankte höflich und sagte bekümmert: Ich esse nie zu Abend. Schon seit Jahren nicht mehr ...
Warum denn das?
Ich hörte einst einen klugen Spruch, der mir zu denken gab: »Das Frühstück iß allein, das Mittagessen teil mit einem Freunde, dem Feinde gib dein Abendbrot« ...
Impulsiv unterbrach ich ihn. Sie essen also nie zu Abend? Befolgen den Spruch ganz und gar? Teilen Ihr Mittagessen mit einem Freund und geben Ihr Abendbrot fort?
Na ja, murmelte er, so wortwörtlich nehme ich's nicht. Der Spruch unterstreicht doch vor allem die Bedeutung einer diätetischen Lebensführung ...
Meinen Sie? fragte ich. Mir will scheinen, daß er von tiefer Weisheit zeugt und auf mehr und anderes abzielt ...
Mich traf ein Blick voller Skepsis. Doch ehe er mich beirren konnte, nahm ich die Finger zu Hilfe und rechnete ihm vor:
Sind denn mit dem Frühstück, das man für sich verzehrt, nicht Kindheit und erste Jugend gemeint? Jene egoistischen Perioden unseres Lebens, in denen wir allein auf uns bedacht sind? Und steht »Mittagessen« nicht für die Jahre in der Mitte unseres Lebens, wenn wir schon etliches gelernt und begriffen haben und sich das Herz bis zur Hälfte auch dem Mitmenschen gegenüber öffnet? Bis zur Hälfte, denn die andere

Hälfte behalten wir uns noch vor … Erst wenn der Abend naht, die Zeit vermehrter Einsicht, vermag der Mensch seinen Mitmenschen die ganze Wärme des eigenen Herzens zu spenden. Und nicht allein den Freunden, sondern auch den Feinden, die sich derart – und allein derart! – in Freunde verwandeln lassen …

Über meiner Lektion war ich in Hitze geraten. Doch nicht umsonst, denn sie zeitigte sogleich erste Erfolge. Ohne weiteres Sträuben setzte sich mein Gast zu Tisch und sprach allem, was ich zum Abendbrot auftrug, nach Herzenslust zu.

Wochen später, bei der nächsten Begegnung, gestand er mir, wie tief ihn unser Gespräch beeindruckt habe. Jetzt äße er wieder täglich zu Abend. Dieses Problem hätte sich dank meiner Auslegung des bewußten Spruchs für ihn völlig erledigt.

Sosehr seine Bemerkungen mir auch schmeichelten, sosehr warte ich jetzt: auf eine Geste, die zeigt, daß er wirklich begreift, was es mit der Freigebigkeit und Offenheit des Herzens für eine Bewandtnis hat …

Komm, mein Teurer! Komm mit mir, Liebster! hatte sie leidenschaftlich geflüstert. Schenke mir eine Nacht, nur eine einzige Nacht …
Was soll ich's leugnen? Ihr heißblütiges Ansinnen hatte mir den Atem verschlagen. Erst nach Sekunden fragte ich:
Wer eigentlich bist du?
Du kennst mich, kennst mich doch, mein Einziger. Von früh bis spät bin ich dir auf den Fersen! sagte sie und umschmeichelte mich wie eine Katze. In der kommenden Nacht sollst du mich ganz kennenlernen. Sei unbekümmert, ich werde dafür sorgen, daß du mir nicht einschläfst …
Während sie mir das verhieß, umhalste sie mich und ließ mich nicht mehr aus ihrer Umklammerung.
Die kommende Nacht machte ich wirklich kein Auge zu. Auch in den drauffolgenden Nächten kam ich nicht zur Ruhe. Sie hungerte gewaltig nach Liebe. Es schien, als hätte nie jemand zuvor sie geliebt.
Auch ich liebte sie nicht. Denn mit ihrem allnächtlichen Erscheinen und Begehren machte sie meinen Glauben an unser Sprichwort gänzlich zunichte: »As men nechtikt iber mit a zore, is die zore kejn zore nit – Verbringt man mit der Not eine Nacht, ist die Not keine wirkliche Not.«

Diese Eigenart ist ihm von seiner Kindheit verblieben: Wartet er ungeduldig auf irgend etwas, so sind ihm alle Tage zu lang. Er wünscht sich, sie schneller schwinden zu sehen. Und er ist äußerst zufrieden, wenn Tag um Tag verfliegt und sich der zeitliche Abstand zum Ziel seiner Erwartungen nahezu spürbar verkürzt. Seine Freude ist dann so groß, daß er überhaupt nicht bemerkt, wie wehmütig ihn der scheidende Tag anblickt. Und er überhört die gemurmelten Abschiedsworte: »Ich verlasse dich jetzt, und niemals wirst du mich wiedersehen. Wisse, daß mit meinem Abschied sich dein Leben um einen Tag verkürzt.«

Als die ausgelassene Kindheit verflogen war und sich die sorglose und leichtsinnige Jugend einstellte, geschah es durchaus schon einmal, daß er mit einem Zipfel seines Ohrs etwas von jenem traurigen Abschiedsgemurmel vernahm. Doch neue freudige Erwartungen machten ihn sogleich taub für solche Einwände, und hochmütig entgegnete er dem schwindenden Tag: »Du schreckst mich umsonst. Auch wenn ich dich nicht mehr sehe, kommen doch statt deiner noch unendlich viele Tage, bei weitem schöner als du!«

Und in den Jahren seiner Reife, als er schon deutlicher hörte, was ihm die Tage zum Abschied sagten, nahm er sich's nicht sonderlich zu Herzen. Und in der Ungeduld seines Wartens stubste und schubste er sie unbarmherzig voran. Und als das Alter kam, war es noch immer dasselbe wie einst. Hat ihn das ewige Hoffen und Harren auch mehr als einmal zum Narren gemacht – er wartet noch immer ungeduldig, zählt die

verrinnenden Tage und freut sich über das Näherrükken des ersehnten Moments.
Doch gelegentlich kommt ihm mitten im drängenden Warten der Gedanke, wie grausam hoch der Preis ist, den er für den Augenblick der Erfüllung entrichtet, und daß es keinen einzigen Grund gibt, sich über das schnelle Entlaufen der Tage zu freuen. Denn solange die Tage mit ihm sind – und seien sie auch dunkel, schmerzvoll und schwer –, sind es doch seine Tage, seine einzigen …

Jedesmal vor dem Schlafengehen rief mich der Vater zu sich, schaute mir tief in die Augen und fragte: Sag, mein Sohn, wie hast du den heutigen Tag verbracht? Was hast du angestellt, wie ist es dir mit deinen Kameraden ergangen?
Nun gehörte mein Vater zu jenen Menschen, die es einem nahezu unmöglich machen, ihnen nicht in allem reinen Wein einzuschenken. Sein durchdringender und zugleich milder Blick ermunterte zu unbedingter Offenheit. So berichtete ich freimütig von allem, was mir auf dem Herzen lag, erzählte von den Streichen, Spielen und Späßen und beichtete auch manch bösen Unfug, den ich im Lauf des Tages getrieben hatte.
Der Vater hörte mir aufmerksam zu und sagte schließlich, so als bedürfte es einer Rechtfertigung: Denke nicht, daß ich dich ausfrage, weil ich mich in deine Angelegenheiten mischen und dir mit meinen Ansichten kommen will... Spiele und tobe mit deinen Kameraden nach Herzenslust, ich will dich, Gott behüte, nicht dabei stören. Meine Absicht ist nur, dir zu helfen, dich noch einmal all dessen zu erinnern, was du den Tag über getan und gesagt hast, damit dir der Tag im Gedächtnis bleibt...
Und die Tage gingen mir wahrhaftig nicht verloren, denn in Erwartung des allabendlichen Gesprächs mit dem Vater überlegte ich mir manches von dem genauer, was ich bei Tage gesagt und unternommen hatte. Häufiger wurde mir dabei bewußt, wieviel mein Tun und Lassen zu wünschen übrig ließ. Das verschaffte mir großen Kummer. An einem solcher Abende, als ich wieder Rechenschaft ablegen sollte

und wollte, zerfloß ich in Tränen. Schluchzend sagte ich:
Weißt du was, Vater? Immer merke ich, daß ich längst nicht so bin, wie ich sein müßte ...
Und das wurmt mich und zerfrißt mich. Oh wie mich das wurmt!
Statt mich mitfühlend zu trösten, wie ich es insgeheim erhofft hatte, rief der Vater zufrieden:
Das gefällt mir aber, mein Junge! Wirklich, das gefällt mir!
Was gefällt dir? fragte ich erstaunt. Daß ich schlimm bin?
Das natürlich nicht, sagte der Vater. Aber daß es dich wurmt und sticht. Mir gefällt, daß du darüber nachdenkst, was an deinem Tun und Reden unrecht war, und daß es dich reut und dir zu Herzen geht. Bleibe so, mein Sohn, stets und ständig!
Vaters Reaktion enttäuschte mich heftig. Hatte er nicht immer herzlich an meinen kindlichen Erlebnissen Anteil genommen, meine Kümmernisse und meinen Verdruß geteilt? Und nun das! Was schlicht und einfach hieß, daß er wünschte, mich stets und ständig in diesem Zustand der Zerknirschung herumlaufen zu sehen. Verbittert fragte ich:
Du willst tatsächlich, daß ich mich immerzu gräme? Das hätte ich aber nicht von dir erwartet!
Pst! machte der Vater. Das meine ich nicht. Schau, ich will gewiß nicht, daß du Dummheiten anstellst, das Herz tut mir weh dabei, aber wenn es dir dennoch unterläuft, dann ist es wenigstens gut, daß du nachdenkst, was falsch und übel daran war. Und ganz bestimmt ist es gut, daß es dir Verdruß bereitet ...
Und in einem Ton, der mich erneut spüren ließ, in welch hohem Maße der Vater mich für voll und gleichberechtigt nahm, fügte er hinzu:
Dieser Verdruß, mein Sohn, ist Ausdruck einer edlen und achtenswerten Regung. Solange du ihr folgst, wirst du fähig sein, deine Fehler zu erkennen und dich

vor dem Schlimmsten zu hüten: der Selbstgerechtigkeit, dem Zufriedensein mit sich selber …
Das war in meiner Kindheit, als ich diese Worte noch kaum in ihrer ganzen Tragweite zu erfassen vermochte. Später, als das Gewissen die Rolle meines längst verstorbenen Vaters übernahm und allabendlich Rechenschaft von mir forderte, erkannte ich den Wert dieser ständigen Unzufriedenheit mit mir selber, die Bedeutung solcher Fragen wie »Warum unterlief mir dieser Fehler?« und »Was trieb mich zu dieser Torheit?«
Die Peinlichkeit der kritischen Selbstbefragung, verbunden mit der schmerzenden Einsicht in begangene Fehler und Dummheiten, ersparte mir die unendliche Wiederholung manch alten Fehlers und manch älterer Dummheit. Doch so wie das menschliche Leben reich ist an Dummheiten aller Art, mache auch ich – ich gestehe es ein – unentwegt neue …

Im Rumbuler Wald

Stört nicht die heilige, reine
Stille des Rumbuler Walds!
Schweigen drosselt den Hals
der Bäume und stickt ihr Geweine.

Das Schicksal hat ihnen beschieden,
wohl wissend und stille zu sein.
Es drängt sie, lauthals zu schrein,
doch blutet die Erde nach Frieden …

Herbsttrauernd hält jeder Baum seine
Zweige wie Fäuste geballt,
als pochte er drauf, daß noch eine
Scham für die Gräber bezahlt …
Lauter als alles: das reine
Verschweigen im Rumbuler Wald …

Im Herbst 1941
wurden dreißigtausend Juden
im Rigaer Rumbuler Wald
von den Faschisten ermordet.

Es war an einem strahlend klaren Sonntagmorgen im allesbelebenden Monat Mai. Als ich erwachte, fühlte ich mich wie im Paradies, sonderbar leicht, unternehmungslustig und froh. Hatte ich doch gestern die letzte Prüfung vor den großen Ferien mit einer Eins bestanden. Und nun lagen nahezu drei herrliche Monate vor mir, unermeßlich viele Tage, an denen ich frei sein würde wie ein Vogel. Und noch etwas fiel mir ein, was mein Herz höher schlagen ließ: Heute würde ich endlich wieder mit den »Kindern des Kapitän Grant« auf abenteuerliche Fahrt gehen. Hatte ich doch Jules Vernes spannendes Buch in den letzten Wochen zugunsten der Prüfungsvorbereitungen zur Seite legen müssen. Und überhaupt schien mir das Leben mit meinen zwölf Jahren vor allem wunderbar und herrlich zu sein. Gittel, die schöne, schwarzhaarige tNachbarsTaschenspiegel als Morgengruß ein Sonnenhäschen.

Ich versuchte, seinem flinken Huschen mit den Augen zu folgen. Gab es jemanden auf der Welt, der damals, an diesem Morgen, so glücklich war wie ich? Ich stand auf, wusch mich und zog mir die reine Bluse an, deren glänzende Messingknöpfe mich als Gymnasiasten verrieten. Nach dem Frühstück griff ich mir das geliebte Buch und machte mich wie auf Flügeln in Richtung Stadtpark davon. Ich suchte eine abgelegene Bank, wo ich sicher sein konnte, für die nächsten Stunden ungestört zu bleiben. Schließlich fand ich sie an einem schattigen Platz unter den schützenden Ästen und Zweigen einer alten und klugen Eiche. In ihrem vielstöckigen, grünbeblätterten Astwerk sangen die Vögel, berauscht von der linden Lieblichkeit dieses Morgens. Ich hörte die Lerchen und sah, wie sich im betauten Gras zu meinen Füßen die Spatzen vergnügten und sich selbst die Musik zu ihren Hüpftänzen tschilpten.

Derart musikalisch begleitet, lehnte ich mich bequem zurück, schlug das Buch auf und versank alsbald in der Welt außergewöhnlicher Ereignisse, in die Jules Vernes großmütige, wohlerzogene, mutige, durch und durch noble Helden verwickelt wurden. Und – auch das will gesagt sein – mit besonderer Spannung und Rührung las ich von der zarten Liebe des jungen Schiffskapitäns zu der liebreizenden Mary. Erinnerte es mich doch an meine eigenen Empfindungen, die ich verspürte, wenn ich an Gittel dachte.

Eine ganze Zeitlang saß ich derart versunken und ergriffen. Ich verschlang Seite um Seite, Kapitel um Kapitel. Und wenn ich mich für Augenblicke losriß, um mir das Lesevergnügen genußvoll zu verlängern, wußte ich all diese edlen Helden in unmittelbarer Nähe, und ich sah, wie sie sich vor mir in der wunderbaren Landschaft dieses Parks bewegten ...

Doch ehe ich mich's versah, sollte mir diese Traumwelt zerbrechen. Zerbrechen an der unbarmherzigen Realität. Von einem Seitenweg her kamen zwei seltsame Erwachsene auf mich zu: ein Mann und eine Frau. Betrunken lallend, näherten sie sich mit wackligen Schritten meiner Bank. Allein ihr Anblick hatte genügt, mich aus allen Himmeln stürzen zu lassen. Starr vor Entsetzen nahm ich wahr, wie sich die beiden zerlumpten Gestalten neben mir auf die Bank fallen ließen. Scharfer Schnapsgeruch verband sich mit dem säuerlichen Geruch ungewaschener und verwahrloster Körper. Meine erste Regung war, mich der unerwünschten Nachbarschaft durch Flucht zu entziehen. Aber wie konnte ich – ein wohlerzogener Gymnasiast, zudem noch ganz im Banne anerlesener französischer Etikette – mich zu der Unhöflichkeit verstehen, gruß- und wortlos zu verschwinden? Ich

blieb sitzen, nach Kräften bemüht, so geräuschlos wie möglich zu atmen, und beneidete die Spatzen, die die Höflichkeit Höflichkeit sein ließen und einfach davonflogen. Sogar die Lerchen hörten zu singen auf.
Unterdessen hatten sich meine Nachbarn immer mehr auf der Bank ausgebreitet. Sie lallten und kicherten unaufhörlich, knufften, stritten und küßten sich. Und wie zur Abrundung des Idylls lehnte der Mann schließlich seinen ungepflegten Kopf an die Schulter seiner Dame. Ohne Zeremonien streckte er sich aus, und plötzlich hatte ich seine Füße auf meinen Knien. Mit einem gewaltigen Schnarchen fiel er sofort in den Schlaf.
Man wird sich vorstellen können, was ich in diesen Minuten litt. Es dauerte nicht lange und der Mann erwachte. Er stieß einen gellenden Pfiff aus und spie wild in die Gegend. Dann musterte er mich aus zusammengekniffenen Augen und brüllte: So ein dreckiger Jude! Läßt unsereinen einfach nicht schlafen!
Seinem Ausbruch schickte er, wie sich denken läßt, noch gesalzenere Flüche hinterher. Da verließ mich alle Höflichkeit, alle Erziehung. Zornig stieß ich seine Füße von meinen Knien, sprang auf und lief, was ich konnte, davon. Und der Weg, vor Stunden noch wie mit Rosen übersät, wurde mir nun zum Weg des Ekels und des Schreckens. Denn ich fürchtete, den Betrunkenen hinter mir zu haben. Den ganzen Weg lang hatte ich sein Brüllen in den Ohren: Haltet ihn, diesen schmutzigen Juden! Fangt ihn! Er läßt unsereinen nicht schlafen!
Mehr tot als lebendig kam ich zu Hause an. Als mich der Vater in diesem Zustand erblickte, schlug er erschrocken sein Buch zu und fragte: Junge, was ist denn passiert? Wie siehst du bloß aus?
Atemlos, verweint und völlig durcheinander, stellte ich ihm eine Gegenfrage: Sag, Vater ... bin ich wirklich ... wirklich so ein ... dreckiger ... stinkender, schmutziger Jude?

Mein Vater hatte im Nu begriffen, worum es ging. Er setzte sich still zu mir und wischte mir mit seinen abgearbeiteten Händen zärtlich die Tränen aus dem Gesicht. Mit einem traurigen Lächeln sagte er: Nun ja, natürlich. Irgend jemand hat es dir auf der Straße nachgerufen ... Nimm's dir nicht zu Herzen, mein Junge. Erzähle mir lieber genau, was los war.
Unter Stammeln und Schluchzen rekapitulierte ich mein schreckliches Erlebnis. Als ich alles bis zum letzten berichtet und mich halbwegs beruhigt hatte, sagte der Vater: Und weißt du auch, warum er dich so verwünscht und gescholten hat? Weil er im Recht war – du hast ihn ja wirklich nicht schlafen lassen ...
Wie? protestierte ich beleidigt. Du denkst das auch? Ich kann dir schwören, daß ich ihn nicht einmal mit dem kleinen Finger angerührt habe!
Du brauchst nicht zu schwören, sagte der Vater besänftigend, ich weiß, daß du ihn nicht angerührt hast. Das heißt aber nicht, daß du ihn deshalb auch ruhig schlafen ließest. Dein Vertieftsein ins Buch, dein sauberer Anzug, deine gesittete Zurückhaltung – all das hat ihn nicht schlafen lassen ... Schau, wärest du so abgerissen, betrunken und zerlumpt gewesen wie er – er hätte dich nicht beschimpft und ruhig weitergeschlafen ... Dennoch, bleib' wie du bist, mein Junge, bleibe sauber, manierlich und fleißig. Vor allem aber vergiß nicht, daß dieser Betrunkene wie auch alle anderen, die sich in Flüchen und Schmähungen ergehen, dem Bileam gleichen. Dem Bileam – und der Vater deutete aufs Buch, das er bei meinem Eintritt erschrocken zugeschlagen hatte – aus unserem Pentateuch*. Gerade vorhin habe ich wieder jenen Abschnitt gelesen, der uns erzählt, wie Balak, der König der Moabiter, den Seher Bileam ausschickte, um die nomadisierenden Israeliten erneut zu verfluchen. Und geschrieben steht, wie Bileam nun sah, daß es dem Herrn gefiel, wie Israels und Jakobs Söhne züchtig und gottesfürchtig lebten. Und statt eines Fluchs

stieß er aus, was wir ihm bis auf den heutigen Tag beim Eintritt in unsere Tempel nachsprechen: »Mah tauwu auholecho ja'akow mischknaussecho jissroel ... Wie lieblich sind deine Zelte, Jakob, und deine Wohnungen, Israel!« Dessen gedenke, mein Sohn, und laß es dir zum Trost sein, wenn dich der Antisemit wieder angreift und schmäht!

Ich war aufs höchste erstaunt. Woher kannte der Vater den Namen meines Widerparts?

Sie tragen alle ein und denselben Namen, sagte der Vater. All die, die nicht ruhig schlafen können, wenn sie jemanden an ihrer Seite wittern, der ihrer Art nicht vollends entspricht. Heute bist du zum erstenmal dieser blindwütigen Feindschaft begegnet. Aber sei unbekümmert, letztlich ergeht es allen Antisemiten wie Bileam: Ihr Fluchen verwandelt sich ständig in Lobpreis ... Doch nun, sagte der Vater, vergiß alles, freue dich deiner Ferien. Versuche wenigstens zu vergessen. Es wird zwar das erste, aber beileibe nicht das letzte Mal in deinem Leben gewesen sein ...

Leider sollte mein Vater mit seiner melancholischen Prophezeiung mehr als recht behalten. Viereinhalb Jahrzehnte später verfing ich mich, wie mein andernorts für vogelfrei erklärtes Volk, in den Netzen ebendieses unbegründbaren, sinnlosen Hasses. Immerfort gedachte ich meiner ersten Begegnung mit dem Antisemitismus, wie auch der erhellenden Aufklärung durch meinen Vater. Und so sonderbar es auch klingen mag – bis heute finde ich meinen Stolz und meinen Trost darin ... Während Semiten wie Spinoza, Marx und Einstein mit ihren Analysen und Ideen verändernd in die Zustände der Welt eingriffen, schrien die Antisemiten unablässig: Lassen unsereinen einfach nicht schlafen! Diese dreckigen, stinkenden Juden! Fangt sie! Haltet sie!

Liegt es an mir, liegt es an ihnen, liegt es an den veränderten Verhältnissen? Letztlich höre ich bloß eins: Mah tauwu auholecho ...

Der namhafte Name

Monje Kant war ein schlichter Mensch. Ein jüdischer Tischler. Und als solcher ein Meister seines Fachs. Sein Leben lang hatte er es mit nichts anderem zu tun bekommen als mit Möbeln: ihrer Verfertigung und ihrer Politur. Darüber hinaus wußte er nichts und – um der Wahrheit die Ehre zu geben! – wollte er auch nichts wissen. Bücher interessierten ihn nicht, und erst recht war ihm die Philosophie ein Buch mit sieben Siegeln geblieben. Insofern ahnte er nicht im mindesten, daß zwei Jahrhunderte vor ihm in der Stadt Königsberg ein deutscher Philosoph gelebt und gelehrt hatte, dessen Namen er trug: Immanuel Kant. Und in dem Maße, wie er nichts davon wußte, berührte es ihn auch nicht.

Wahrscheinlich hätte es ihn auch für immer unberührt gelassen, wenn nicht eine gewisse Zeit heraufgezogen wäre. Eine Zeit, in der sich die einstige Existenz von Kant, dem Philosophen, für Kant, den Tischler, zum existentiellen Problem auswachsen sollte.

Das war damals, als Hitlers Truppen Riga besetzten und – einer teuflischen Regie ergeben – sofort begannen, Juden zu verfolgen. Allerdings ohne dabei zu übersehen, daß sich zwischen den von ihnen zum Tode Verurteilten etliche Fachleute und Spezialisten befanden, die sich vor ihrer beschlossenen Exekution im »Interesse des Reichs« noch eine Weile mit Gewinn ausbeuten ließen.

Unter den »Überlebenden auf Zeit« befand sich auch Monje Kant, der abgestellt worden war, um in einer Möbelfabrik zu arbeiten, die von einem SS-Mann namens Dröhl geführt wurde.

In Friedenszeiten hatte Herr Dröhl als Inhaber einer Königsberger Möbelwerkstatt firmiert. Und im Unterschied zu Monje Kant wußte Herr Dröhl natürlich, daß es einen Immanuel Kant gegeben hatte. Wenngleich ihm und seinem hochentwickelten Intellekt auch Kants »Kritik der reinen Vernunft« und die »Allgemeine Naturgeschichte und Theorie des Himmels« ebenso verschlossen geblieben waren wie Kants Ausarbeitungen zum transzendentalen Idealismus oder seine Definition des Kategorischen Imperativs, so hatte Herr Dröhl seinerzeit doch immerhin Sonntag für Sonntag reichlich Gelegenheit genommen, auf dem Heimweg von der Bierschenke vor Kants Denkmal haltzumachen und mit schwerer Zunge dessen Inschrift zu deklamieren. Was Wunder, daß Herr Dröhl sich für einen der nächsten Anverwandten des berühmten Landsmanns und Philosophen hielt.

Und nun stelle man sich vor: Kaum angekommen in Riga, trifft er, gänzlich unerwartet, unter seinen jüdischen Sklaven auf einen Jemand, der den Namen *seines* Philosophen trägt! Da ist er außer sich geraten und hat beschlossen, dieser jüdischen Frechheit ein Ende zu machen!

Aber natürlich nicht gleich derart, daß es sein eben erst übernommenes Geschäft beeinträchtigt hätte. War ihm doch schnell aufgegangen, daß er den Großteil seines rasch steigenden Umsatzes dem handwerklichen Geschick jenes jüdischen Frechlings verdankte, den man möglichst lange leben lassen mußte, um selber möglichst lange gut und besser zu leben. Was hinwiederum nicht auszuschließen brauchte, daß man dem Juden einige handgreifliche Lehren verpaßte. So griff Herr Dröhl morgens und abends zur Latte, um Monje Kant zu verprügeln. Seine wohlgezielten Schläge skandierten den immer gleichen Sermon: »So, Jude, da hast du, für deine Frechheit, den Namen unseres Philosophen zu tragen!«

Doch lange währten diese Lektionen nicht. In Monje

Kant wucherte eine böse Geschwulst, an der er bald darauf starb. Sein zuvor erworbenes Wissen, daß er lebenslang den Namen eines berühmten Philosophen getragen hatte, erlosch vor der Namenlosigkeit seines Todes.

Nahezu jeden Morgen dringt er bei mir ein wie ein Wirbelwind, der Mann aus meiner Nachbarschaft. Statt eines Guten Morgens trägt er mir anderes an. Die neueste Ausgabe irgendeiner Zeitung oder Zeitschrift in den Händen, triumphiert er:
Da, sehen Sie? Jetzt hat's ihm endlich einmal jemand schwarz auf weiß gegeben!
Und mit ausgestrecktem Zeigefinger deutet er auf ein Feuilleton, in dem irgendwer von irgendwem scharf angegriffen wird.
Sie kennen ihn, diesen Menschen? frage ich.
Nein, woher? Aber was macht das für einen Unterschied? erhitzt er sich. Wenn man ihn derart beschimpft, hat er es selbstverständlich verdient. Und wie er's verdient hat! Na, jetzt ist Schluß mit ihm, jetzt wird er sich mit seinem abscheulichen Gesicht nicht mehr länger unter die Leute trauen. Recht geschieht ihm!
Alle Morgen ist es dasselbe. Erleidet ein Mensch – gleichgültig, ob bekannt oder unbekannt – eine Niederlage, meinen lieben Nachbarn heitert es auf. Von daher liest er in der Zeitung lediglich jene Artikel, die jemanden niedermachen. Ein Buch durchblättert er nur dann, wenn er gehört hat, daß es von der Kritik verrissen wurde. Ein Theaterstück sieht er sich erst an, wenn es einhellige Ablehnung erfuhr. Unter den Filmen entzücken ihn allein jene, die Menschen in unglücklicher Verstrickung zeigen. Und ist er auf der Straße Zeuge eines Unfalls geworden, strahlt er vor Vergnügen übers ganze Gesicht.
So ist er, mein Nachbar, der Mensch mit dem verwüsteten Herzen und den verdorrten Gefühlen. Doch so

war er nicht immer. Einst empfand und fühlte er wie alle Menschen. Irgendwann muß er vergessen haben, daß Herz und Gefühl in einem Boden wurzeln, der ständig der Pflege und einer gewissen Feuchte bedarf. Was den Pflanzen die Ausbrüche der Wolken, sind dem Herzen die Niederschläge der Menschlichkeit.

Als ich die Buchhandlung mit einer Neuerwerbung unter dem Arm verließ, begegnete mir der Sohn meiner Freunde, ein Student. Wir begrüßten uns, und er fragte interessiert: Was haben Sie diesmal wieder erstanden?

Ich wickelte das Buch aus seiner Umhüllung und zeigte es ihm: eine Dokumentation der von Hitler-Deutschen an Juden begangenen Grausamkeiten. Das Gesicht des jungen Mannes verfinsterte sich. So etwas lesen Sie? fragte er verdrossen. Ich lese solche Bücher nicht!

Du schonst deine Nerven? versuchte ich zu verstehen.

Nein, ich schone meinen Stolz, meinen Stolz als Jude und Mensch! entgegnete er scharf. Ich will nicht, hören Sie, ich will nicht! Will mir nicht ansehen, wie sich mein Volk wie eine Herde Schafe abschlachten läßt. Ich will den Juden im Kampf sehen, im Widerstand! Bücher wie diese berichten nur von seiner Erniedrigung …

Ich glaube, du irrst! sagte ich. Denn ich denke, daß vor allem Bücher wie diese die menschliche Größe und Würde des Juden bezeugen.

Mein Gesprächspartner widersprach: Größe und Würde sagen Sie? Und dies im Blick auf eine Zeit, in der jeder menschliche Auswurf mit den Juden ungestraft alles tun konnte, was ihm seine sadistischen Instinkte eingaben? Wo sehen Sie da Größe?

Ich sehe sie, sagte ich, und wir alle können sie sehen. Gerade diese Bücher zeigen uns den Juden in seiner seelischen und geistigen Größe. In seiner Größe, seiner Würde und seinem Heldentum, das ihn befähigte, unter allen Bedrückungen und Bedrängnissen nicht zu zerbrechen. Diese heiligen Bücher – ja, ich nenne sie »heilig« – haben wir zu lesen! Sie sind unserer Beachtung und unseres Studiums wert. Offenbaren sie uns doch, wie in jeder gemarterten jüdischen Seele etwas vom Geist unseres Lehrers Rabbi Chananja ben Teradion fort- und auflebt, der um das Jahr 136 auf Befehl Kaiser Hadrians in die Seiten einer Thora-Rolle gewickelt und auf einem Scheiterhaufen aus frischem Weidenholz langsam zu Tode gequält wurde. Bevor ihm die Sinne schwanden, war ihm zu rufen vergönnt, was er glaubte und sah: daß die Buchstaben der ihn umhüllenden Heiligen Schrift im Brennen unversehrt gen Himmel stoben und der Welt den Sieg des Geistes über alle Schafotte und Scheiterhaufen verkündeten ... Beim Lesen dieser Bücher begreifen wir, daß in jedem gepeinigten jüdischen Leib der Geist des Mainzer Märtyrers Rabbi Amnon aufersteht, dem die Söldner der mittelalterlichen Kreuzzüge nach und nach alle Glieder abhackten und dem, ehe er seine Seele aushauchte, die heiligen Buchstaben derart inspirierend vor Augen tanzten, daß er aus ihnen mit letzter Kraft sein prophetisches und bis auf den heutigen Tag zu Jom Kippur* in den Synagogen gesprochenes »Uneßane tojkef«* formulierte ... Wir ersehen aus diesen Büchern, wie vor den Augen aller durch jedwede Inquisition und ihre jeweiligen Inquisitoren Ermordeten jene Buchstaben schwebten, tanzten, aufflogen ... Sie helfen uns, im Schicksal jeder sadistisch gequälten jüdischen Frau etwas von der heiligen Kraft und Stärke jenes jüdischen Mädchens zu erblicken, das sich selbst der Hexerei bezichtigte, um seinen räuberischen Bedränger abzuwehren. Auch ihm schwebten, als es tödlich von einer Kugel getroffen niedersank, jene heiligen Buchstaben vor Augen, die den Sieg des Geistes über den Ungeist offenbarten ... In diesen Büchern lebt das Phänomen der »Ojssjess pojrchess«, der »fliegenden Buchstaben«

fort. Eine Erscheinung, die unseren großen Historiker Simon Dubnow begleitete, als er mit Tausenden Rigaer Juden zur Vernichtung in den Rumbuler Wald getrieben wurde. Seine letzten Worte waren: »Schreibt das auf, Juden! Falls irgend jemand dies hier überleben sollte, möge er es aufzeichnen!«
Die Augen meines jungen Freundes beseelte mittlerweile ein Feuer. Ich bestreite, sagte er, wirklich nicht, daß diese »fliegenden Buchstaben« vielen Töchtern und Söhnen meines Volkes in ihrer letzten Stunde tröstlich vor Augen standen. Ich will auch nicht leugnen, daß ihnen der Gedanke daran Kraft und Mut verlieh, um stolz und würdig wie wahrhafte Märtyrer zu sterben. Aber, wandte er wehmütig ein, wozu taugte ihnen dieses Bild, falls sie sich entschlossen hatten, gegen die Tyrannei anzukämpfen? Zu welcher Kraft verhalf es ihnen? Zu welchem Lebenswillen? Was bedeutete es für jene, die …
Ich weiß, unterbrach ich ihn, worauf du hinauswillst. Du fragst nach dem jüdischen Widerstand. Sei getrost, auch davon gibt dir die Legende von diesen heiligen Buchstaben Auskunft. Ihr Licht erleuchtete bereits all jene, die seit eh und je gegen unsere unsterblichen Feinde ankämpften. Erinnere dich des Priesters Mattathias und seiner Söhne, die in der makkabäischen Erhebung gegen Antiochus siegreich zu Felde zogen. Gedenke des heldenhaften Aufstands von Simon Bar-Kochba, der Jerusalem zurückeroberte und erst nach zwei Jahren von einer Armee bezwungen wurde, der längst schon eine Welt zu Füßen lag … Diese heiligen »fliegenden Buchstaben« beflaggten den Kampf der Aufständischen im Warschauer Ghetto, die sich gegen nazistische Heerscharen erhoben, die mittlerweile ganz Europa ins Knie gezwungen hatten … Im Grunde schaffen alle Dokumentationen, Klagelieder, Martyriologien und Gedenkbücher, die dem einstigen und jetzigen Niedergang unserer jüdischen Gemeinschaften gewidmet

sind, nichts anderes als die Grundlage für einen künftigen Historiker und Künstler, dem es in einem Romanwerk gelingen wird, das wunderbare Gleichnis von den fliegenden Buchstaben derart aufzubewahren, daß es erklärt, warum wir zu allen Zeiten fähig blieben, Heldenmut und Kraft angesichts aller Anfeindungen zu beweisen, warum wir dennoch zu überleben und unsere Geistigkeit und unsere Würde zu verteidigen vermochten, warum wir siegten …

Ich saß im Theater. Von der Glut jener jahrtausendealten Verse entzündet, die Euripides den Leiden seiner Medea, ihrem emphatischen Verlangen nach Rache gewidmet hatte …
Nach der Vorstellung irrte ich mit einem Freund durch die nächtlichen Straßen, wir tauschten unsere Eindrücke aus, bemüht, im Gespräch allmählich abebben zu lassen, was uns während der Vorstellung überflutet hatte.
Jemand mußte uns gefolgt sein. Denn plötzlich mischte er sich in unser Gespräch. Entschuldigen Sie, sagte er, ich war in der gleichen Vorstellung wie Sie, und dann folgte ich Ihnen und lauschte Ihrem Disput. Vielleicht können Sie mir Aufklärung verschaffen? Denn einige Verse aus dieser Tragödie bleiben mir irgendwie unklar. Genauer gesagt: Ich kann ihnen bei bestem Willen nicht zustimmen …
Unwirsch fragte ich: Welche Verse meinen Sie?
Anstatt zu antworten, fragte er zurück: Erinnern Sie sich jener Szene, in der Medea ihren Gatten Iason des gemeinen Betrugs überführt?
Gewiß, sagte ich.
Dann rufen Sie in Ihr Gedächtnis, was sie ruft: »O Gott, der du das Gold / von allem, was nur golden scheint, / zu unterscheiden weißt, was drückst / du deinen Stempel nicht entlarvend aufs / verräterische Haupt? …« Sagen Sie, was Sie wollen, aber nach meiner Meinung entsprechen diese Verse nicht im mindesten unserer heutigen humanistischen Weltanschauung …
Wie kommen Sie darauf? fragte ich.
Erlauben Sie, fuhr er fort, daß ich meiner Phantasie

freien Lauf lasse. Angenommen, Gott oder die Natur folgten Medeas Rat und stempelten jeden ab, der einer Gemeinheit oder eines Verrats fähig wäre, wer bliebe da ungestempelt? Wer auf dieser Welt ist so durch und durch schlecht, daß er es verdiente, für alle Zeit gebrandmarkt zu werden? Kennen Sie auch nur einen einzigen Schurken, in dessen Herz sich nicht wenigstens für einen Moment etwas zum Guten regt? Nein, man darf keinem Menschen den Stempel der Niedertracht aufdrücken. Hier irrt Euripides, hier wird er dem Menschen nicht gerecht!
Ich denke, widersprach ich nach einigem Überlegen, daß Euripides kein Vorwurf trifft.
Sie meinen also, erhitzte sich mein Gegenüber, daß es womöglich ein guter Einfall wäre, die Menschen abzustempeln?
Das nicht, sagte ich. Nein. Aber ich glaube, daß Euripides, indem er seiner Medea in ihrer Verzweiflung diese gallebittren Wörter in den Mund legt, auf den Boden der Menschenliebe verweist. Denn wann läßt er Medea so sprechen? Als ihr der Glaube an den Menschen abhanden gekommen ist. Erst nach dem Verlust dieses Glaubens redet und zürnt unsereiner so ... Mich warnt und lehrt Euripides: Verliere nicht den Glauben an den Menschen! Denn wenn du ihn verlierst, wirst du blind für das Gute und Helle in der Seele eines jeden. Ohne diesen Glauben erschwerst und verbitterst du dir dein Leben wie meine unglückliche Medea!
Der Unbekannte schwieg, als teilte er meine Einsicht, die er erst herausgefordert hatte. Weiß Gott, gegen Euripides ist nichts, gegen Medea und ihre nachgeborenen Geschwister nahezu alles einzuwenden.

Ein Nachbar von mir, enorm neugierig und wissensdurstig, dennoch ziemlich unbewandert in allen Einzelheiten, überfällt mich häufig mit seinen Fragen. Zumeist ist es ein Fremdwort aus der Zeitung oder aus dem Radio, das ihm zu schaffen macht. Neulich kam er und fragte, was das sei: »Humanismus«? Auf meinem Tisch lag ein Fremdwörterbuch griffbereit. Ich blätterte es auf und zitierte: »Humanismus gleich Menschlichkeit; Achtung vor der menschlichen Würde; Prinzip menschenwürdigen Denkens und Handelns ...«

Jetzt weiß ich Bescheid, sagte er. Ich danke Ihnen. Und Ihrem schlauen Buch danke ich auch.

Er rührte sich nicht von der Stelle. Nach Augenblikken des Überlegens sagte er: Etwas verstehe ich nicht. Wie kommt es, daß Sie in so kurzer Zeit in Ihrem Buch gefunden haben, was ich als Antwort auf meine Frage suchte? Das ist doch so – entschuldigen Sie meinen Vergleich –, als würden Sie eine Nadel im Heuhaufen suchen müssen ...

Das ist leichter, als Sie sich vorstellen! klärte ich ihn auf. Die einzelnen Wörter folgen der Ordnung, die durch das Alphabet vorgegeben ist. Ich schlug nach »G« und vor »I« das »H« auf und suchte dort im letzten Drittel nach »Hu...« Da fand ich unter »Humanismus« die Erklärung.

Aha, sagte er zufrieden und so, als wäre ihm ein Stein vom Herzen gefallen, dem Alphabet nach! Sie haben also den Anfangsbuchstaben gesucht und gefunden. Aber hätten Sie da nicht auch auf einen anderen Buchstaben treffen können?

Gewiß, sagte ich.

Ja dann, sagte er, seien Sie doch bitte so gut und schlagen Sie mir mal den ersten Buchstaben, das Alef*, auf. Ich würde zu gerne wissen, was da alles steht.
Ich tat ihm den Gefallen. Und schon auf den ersten Seiten sprang mir das Wort Antisemitismus in die Augen.
Was, sagte mein Nachbar erstaunt, solch ein Wort findet sich in diesem klugen Buch? Wie ist es denn geschrieben?
Was heißt wie? fragte ich. Mit Buchstaben natürlich!
Das wollte ich wissen! sagte mein Nachbar. Und wenn ich Sie recht verstanden habe, läßt sich das finstere Wort Antisemitismus mit den gleichen Buchstaben schreiben wie das großartige leuchtende Wort Humanismus?!
Langsam begriff ich seine Erregung. Mit einem bitteren Lächeln bestätigte ich seine dunklen Vermutungen. Ja, sagte ich, beide Wörter rekrutieren ihre einzelnen Bestandteile aus dem bescheidenen Reservoir des lediglich zweiundzwanzig Konsonanten umfassenden hebräischen Alphabets ...
Da schlug er mit der Faust auf den Tisch und rief: Jetzt frage ich Sie, wie kann man mit ein und demselben Alphabet zwei so grundverschiedene Wörter schreiben? Nein und abermals nein! Wenn Sie mich fragen, dann sage ich Ihnen: Es braucht ein funkelnagelneues Alphabet! Eines, das keines seiner Zeichen mehr hergibt für solch abscheuliche Wörter! Aber – besann er sich wie von selbst – vielleicht braucht's gar kein neues Alphabet. Vielleicht bedarf es lediglich einer neuen Gesinnung. Einer Gesinnung, die ein Wort wie Antisemitismus zwar noch zu schreiben, nicht aber länger zu denken vermag ...

Im Tagebuch des Polarforschers R. F. Scott* findet sich eine aufschlußreiche Notiz über die außerordentliche Intelligenz und das erstaunliche Erinnerungsvermögen der Pferde. Allein die Fähigkeit zur Voraussicht spricht er ihnen ab.
Daran wurde ich dieser Tage erinnert, als ein Rudel abgemagerter Pferde, auf der Ladeplattform eines LKW zusammengepfercht, an mir vorüberfuhr. Der Fahrer hatte es eilig. Seinen vierfüßigen Passagieren, die knochigen Leiber aneinandergedrückt, gingen – das sah ich noch – vor Verwunderung die Augen über. Ein Leben lang hatten sie den Karren gezogen, nun zog der Karren sie. Was hatte sich derart zum Positiven verändert? Welche Erleichterung des Lebens hob nun an?
Hätten die Pferde nur um ein weniges vorauszusehen vermocht, was ihrer harrte, sie hätten sich – bei ihrer Intelligenz – eines sofort erinnert: Fährt man den Fuhrmann, führt man ihn zum Schafott …

Stets, wenn ich an jenem riesigen Gebäude vorbeikomme, das fast die Länge der halben Straße einnimmt und in seiner stattlichen Höhe den Blick auf den Himmel verstellt, bewundere ich seine erfindungsreiche, wenn auch altfränkische Architektur: die mächtigen Atlanten, die bezaubernden Karyatiden, die vielen Skulpturen in den Erkernischen und oben auf dem Söller. Aber mehr noch als all die versteinerten Figuren interessiert mich die lebende Gestalt eines alten Mannes, den ich jedesmal auf dem Platz gegenüber sitzen sehe: erhobenen Hauptes, die Augen unverwandt auf eines der oberen Fenster in jener imposanten Fassade gerichtet. Was sieht er dort? Was fasziniert ihn derart?
Eines Tages faßte ich mir ein Herz und ließ mich auf der Bank neben ihm nieder.
Wie ich sehe, versuchte ich, das Gespräch zu eröffnen, sind Sie stark von der architektonischen Gliederung dieser Fassade beeindruckt?!
Ja, erwiderte er, hörbar unzufrieden darüber, daß ich ihn aus seiner Versunkenheit riß, das Gebäude ist zweifellos interessant, aber letztlich gilt meine Aufmerksamkeit nicht dieser Äußerlichkeit …
Dann erlauben Sie mir bitte die Frage, was Sie hierher zieht, sehe ich sie doch oft auf dieser Bank sitzen und auf dieses Gebäude starren?
Nach Augenblicken des Stillschweigens sagte er: Ich komme zu Gast, kehre ein in den Jahren meiner Jugend. Denn in diesem Haus verlebte ich meine besten Jahre. Dort, im obersten Stock – sehen Sie das große Fenster? – befanden sich meine Wohnung und mein Atelier, ich bin ein Maler. Meine Freunde gingen ein

und aus, tage- und nächtelang stritten wir über das Leben und die Kunst, und an den Abenden vergnügten wir uns mit unseren Freundinnen ... Im Blick auf dieses Fenster, das meine Jugend begleitete und bis auf den heutigen Tag bezeugt, erinnere ich mich der wunderbaren Jahre und frage: Erinnerst du dich? Dann reden wir miteinander, und schließlich erwidert es: Ja, ich erinnere mich ...

Er schwieg, gedankenverloren.

Warum, um Himmels willen, richten Sie Ihre Frage an ein stummes Fenster? Was reden Sie sich ein, daß es Ihnen antwortet? Warum fragen Sie nicht die Gefährten, mit denen Sie Ihre besten Jahre verbrachten? Die könnten Ihnen bestätigen, daß auch sie sich erinnern ...

Ich hatte die Worte allzu heftig hervorgebracht, und bald reute es mich, denn das Gesicht des Alten verlor sich in Trauer. Schmerzerfüllt sagte er:

Es ist keiner mehr da, keiner aus meinen Jugendjahren ... Es gibt niemanden mehr ... Allein das Fenster ist mir geblieben, das Fenster meiner Erinnerungen ...

Langsam und schwerfällig hob er den Kopf, der ihm während unseres Gesprächs auf die Brust gesunken war. Starren Auges blickte er wieder zu dem Fenster hinüber. Und sagte kein Wort mehr.

Kaddisch*

Noch immer foltert mich der Widerschein der Sünde,
als dein Blut, Mutter, wie für alle rann …
Ich weiß den Tag von deinem Ende nicht und zünde
tagtäglich Jahrzeitlichte an.

Es hat der Henker dich durch Rigas Flammen
gehetzt, getrieben wie ein Wild …
Und dennoch waren wir zusammen,
bis in die Nächte leuchtet mir dein Bild.

Ich küsse deine Stirn und deine Augenlider,
mich trösten deine Klugheit, Witz und Charme …
Und ganz wie früher flüchte ich mich wieder
mit Freud und Leid in deinen Arm.

Ich sag dir, wie wir Sehnsucht nach dir haben,
die Enkel, ich und auch mein Weib …
Da weinst du … Und ich seh: Die Raben
umkreisen schreiend deinen Leib.

Ich jag sie fort mit unbeholfnem Fächeln,
geb deinen Wunden einen Kuß …
Da tröstet mich dein jugendliches Lächeln:
»'s wird gut sein, Kind! … Zum guten Schluß …«

Ich weiß: So hielten's Herz und Hände,
du glaubtest ans unendlich Gute …

– – –

Weiß ich den Tag auch nicht von deinem Ende,
sag ich doch Kaddisch nach dir jedwede Minute …

Die ganzen Jahre meiner Kindheit über war ich auf der Suche nach jenen sechsunddreißig Guten und Gerechten, um derentwillen die Welt noch immer besteht und nicht verlorengeht. Sie, die Lamedwowniks aus den wundersamen Erzählungen meiner Mutter, entzündeten meine Phantasie und weckten mein heftiges Verlangen, wenigstens einem dieser rätselhaften Gerechten zu begegnen, ihn zu sehen und von ihm selbst zu erfahren, wie und wodurch sie es fertigbringen, die Welt zu erhalten … Das war nun aber keine von den leichten Sachen. Und auf all meine Fragen hat die Mutter, sich dabei nach allen Seiten umschauend, mit geheimnisvoller Stimme gesagt:
»Lamedwowniks, mein Kind, zeigen sich nicht und geben sich nie zu erkennen. Sie leben verborgen und unerkannt als einfache Menschen, Handwerker, Holzfäller, Wasserträger, und ihre guten und gerechten Taten vollbringen sie im geheimen …«
»Aber wo sind sie, wo?« habe ich ungeduldig gefragt, um es zu guter Letzt vielleicht doch noch herauszubekommen.
»Wo, fragst du?« Mutters Gesicht strahlte vor Liebreiz. »Wer kann das wissen? Es ist gut möglich, daß einer von ihnen ganz in deiner Nähe ist, daß du ihm sogar jeden Tag begegnest, ohne zu ahnen, daß er zu den Lamedwowniks gehört … Und du brauchst es auch gar nicht zu wissen, mein Kind, du mußt nur glauben, daß es sie gibt und daß ihre Güte der Grund ist, auf dem die Welt steht. Mit diesem Glauben wird es dir leichter sein zu leben.«
»Und wenn ich an sie glaube«, wollte ich weiter wissen, »werden sie mich dann ständig begleiten?«

»Ja, mein Kind, ständig werden sie die Welt unterstützen und erhalten ... All die sechsunddreißig Gerechten ... Allein dann, wenn einer von ihnen, was Gott verhüten möge!, stirbt, zittert die Welt auf. Und sie zittert und bangt so lange, bis anstelle des Verschwundenen sich ein neuer Gerechter zeigt ... Denn die Zahl Sechsunddreißig muß erfüllt sein, und sie wird wirklich stets und ständig erfüllt, denn ohne diese Guten und Gerechten ...«

Versteht sich, daß mich solche Äußerungen noch mehr erhitzten. Denn sowohl Mutters als auch Vaters Worte galten mir als heilig. Um so mehr, da sie mir bedeuteten, daß ich selbst möglicherweise Tag für Tag einem dieser sechsunddreißig Gerechten begegnete und es allein an mir läge, ihn zu entdecken und herauszufinden!

Brennend vor Neugier beobachtete ich nun jeden Flickschneider, jeden Schuster und all die anderen armen Handwerker, die unseren Hinterhof und unser Viertel bevölkerten. Und jedesmal, wenn mir schien, ich hätte die Spur eines Gerechten gefunden, folgte ich ihr und überwand alle Angst und Schüchternheit. Hastig stieß ich hervor: »Onkel, bist du nicht einer von den Lamedwowniks?«

Man sah mich an wie einen Verrückten. Einige der Angesprochenen glaubten, ich triebe Schabernack mit ihnen, wieder andere hielten mich für geistig zurückgeblieben und schüttelten mitleidsvoll ihre Köpfe. Und derart blieb es mir verwehrt, meinem so heiß ersehnten Lamedwownik zu begegnen. Die Tage glitten in grauer Alltäglichkeit an mir vorüber, bis – ja, bis ich eines schönen Tags in unserer Straße einem Menschen begegnete, den ich noch nie zuvor gesehen hatte. Er war hochgewachsen, breitschultrig, trug ein Lächeln in den Augen, und sein bärtiges Gesicht leuchtete vor Güte – wirklich und wahrhaftig ein Lamedwownik, genauso wie ich ihn mir in meinen Phantasien ausgemalt hatte! Zudem umspannte seine kräftige Hand einen langen und derben Stecken, auf den er sich stützte, wie einst Jakob, unser Urvater, auf seinen Hirtenstab. All dies zusammen machte mich sicher, nun endlich den lang erwarteten Gerechten gefunden zu haben. Ich lief auf ihn zu und rief:

»Onkel, ich sehe, du bist ein Lamedwownik!«

»Wie kommst du darauf, mein Junge?«

»Na, weil du so aussiehst, so gut und so gerecht«, sagte ich, »denn die Lamedwowniks sind doch alles gute und gerechte Menschen ...«

»Und woher weißt du das?«

»Die Mutter hat mir von ihnen erzählt. Sie sagt, daß sie die Welt stützen und tragen. Und ich würde so gerne einen Lamedwownik sehen! Ich möchte wissen, wie sie das anstellen, daß die Welt nicht untergeht und zusammenbricht. Aber«, erinnerte ich mich mit Wehmut, »sie lassen sich ja nicht sehen und erkennen. Die Mutter sagt immer: Man muß nur an sie glauben, glauben, daß sie nahe sind. Und da, und nun, plötzlich habe ich dich getroffen, einen richtigen Lamedwownik! Jetzt kannst du mir sagen, wie ihr das macht mit der Welt, ja, Onkel?«

»Ich bin kein Lamedwownik«, hat der Mann gesagt und mir dabei ganz ruhig über den Kopf gestrichen. »Aber ich werde dir erklären, wie es die Lamedwowniks machen. Sie machen das mit nichts als ihrer Güte, ihrem Gutsein. Denn das, was die Welt im Grunde stützt und erhält, ist einzig und allein die Güte. Und deine Mutter hat recht. Man muß nur an sie glauben, an ihre Güte und an ihre Gerechtigkeit. Und wenn du ernsthaft an sie glaubst, wirst du sie auch entdecken. Weil du ein guter Junge bist, will ich dir noch etwas sagen. Du brauchst dich nur umzuschauen und gut hinzusehen, da wirst du merken, daß dir stets und ständig ein Lamedwownik zur Seite ist, ein Jemand, der über deinem jungen Leben gütig wacht und es mit Güte begleitet. Und dieser Lamedwownik – das ist deine Mutter!«

Dann ist der Mann gegangen, gestützt auf seinen Hirtenstab. Und mir hat sich die Begegnung tief eingeprägt. Wie er es vorausgesagt hatte, so habe ich es von damals an gehalten. Ich habe gut Obacht gegeben und bald erkannt, wie an jedem Tag und in jedem Augenblick mein Leben durch einen leibhaftigen Lamedwownik an meiner Seite, durch Güte, Milde und Gerechtigkeit erhellt und erhalten wird …
Und an jenem furchtbaren Tag, als mein Lamedwownik auf offener Straße von den Söldnern des Bösen ermordet wurde, begann die Erde zu erzittern. Wie sie es immer tut, wenn einer von jenen dahingeht, die der Welt den Bestand gesichert haben. Ich verspürte dieses Beben. Es erschütterte mich so heftig, wie es mir von Mutter, gleichsam in Vorahnung ihres eigenen Schicksals, einst ausgemalt worden war. »Aber«, hatte sie damals ständig und trostreich hinzugefügt, »dies Zittern und Beben hört auf, wenn ein neuer Lamedwownik an die Stelle des Abgeschiedenen tritt und die Zahl Sechsunddreißig wieder erfüllt ist.«
Gewiß ist er gekommen, der neue Lamedwownik, denn die Zahl will und muß erfüllt sein. Und obgleich die Erde oft, allzu oft erzittert und bebt angesichts von verheerender Niedertracht und Ungerechtigkeit, will mir der Glaube nicht schwinden, den die Mutter in mein Kinderherz senkte: daß die Welt nicht untergehen wird, solange sich sechsunddreißig Gute und Gerechte finden lassen.

Ich erinnere mich, wie ich meinem Vater, ich war vielleicht acht oder neun Jahre alt, einmal mit folgender Frage kam: »Sag mal, Vater, wenn man eine Sache zerbricht, bleibt sie dann heil?«
Der Vater, schon an meine ausgefallenen Fragen gewöhnt, denen er sich stets und ständig stellte, zeigte sich diesmal irritiert. Nach einer kurzen Weile sagte er: »Ist dir nicht erst gestern ein Glas aus den Händen gefallen? Blieb es etwa ganz? Du hast doch selbst gesehen, wie es in tausend Stücke zersprang!«
Da zwischen Vater und mir, seit ich denken kann, kameradschaftliches Einvernehmen herrschte, erlaubte ich mir, ihm mit dem Finger zu drohen und triumphierend zu verkünden: »Jetzt habe ich dich bei einer Lüge ertappt!«
»Bei einer Lüge?« fragte der Vater erschrocken.
»Bei einer Lüge«, wiederholte ich hartnäckig, »bei einer Lüge. Hab' ich doch gestern mit angehört, wie du zu Onkel Dowid-Nissn gesagt hast: ›Nichts ist so heil auf der Welt – wie ein gebrochenes Herz!‹«
Tatsächlich hatte der Vater im Gespräch mit meinem Onkel diesen chassidischen Spruch zitiert, ohne zu ahnen, daß sein Sprößling ihn aufschnappen und derart kurzschlüssig verstehen und zugleich in Frage stellen würde.
»Ja, mein Junge«, sagte der Vater verlegen, »das habe ich wirklich und wahrhaftig gesagt. Aber da war doch von keiner Sache die Rede, ich meine, von keinem Ding, das, wenn es hinunterfällt, einfach zerbricht ... Also, ich hatte damit gemeint, daß ...«
Plötzlich verließen meinen klugen Vater, der immer auf alles Antwort wußte, die Wörter. Er begann, an-

gestrengt zu überlegen, doch ließ ich ihm keine Zeit dazu, sondern überschüttete ihn mit Fragen: »Was meinst du damit? Was soll das sein: ›Kein Ding, das, wenn es hinunterfällt, einfach zerbricht?‹ Was zerbricht denn nicht, wenn es hinunterfällt? Und dann hast du noch etwas von einem Herzen gesagt. Was ist das überhaupt: ein Herz? Und warum bricht es? Und wieso bleibt es dennoch ganz? Und weshalb ...«

»Ein Herz«, stoppte der Vater schließlich meinen Frageschwall, »ist eine Sache für sich ... Also das Herz«, und dabei deutete der Vater auf die linke Brustkorbseite, »sitzt bei jedem Menschen hier. Und da schlägt es und schlägt es, unaufhörlich wie das Rattern von Mutters Nähmaschine, Tag und Nacht. Es gibt dem Menschen Kraft, es befähigt ihn, zu gehen, zu arbeiten ...«

»Aber wie kommt es, daß es bricht?« fiel ich dem Vater ins Wort, begierig, das Entscheidende zu erfahren.

Da dachte der Vater erneut lange nach. Und mir schien, als suchte er vergebens nach den entsprechenden Wörtern und Bildern, um meinem Verstand auszuhelfen. Schließlich sagte er wie zu einem Erwachsenen:

»Ein Herz bricht, wenn der Mensch, dem es schlägt, voll Kummer ist oder wenn er sich einem anderen gegenüber schuldig fühlt oder wenn er fremdes Leid wie ein eigenes verspürt oder wenn ihn etwas reut, was er getan hat und nicht hätte tun dürfen ... Dann geht der Mensch herum mit einem gebrochenen Herzen!«

»Also doch!« sagte ich, »Gebrochen! Und warum ›heil‹?«

»Es wird eine Zeit kommen, in der du's verstehst«, sagte der Vater und strich mir mit seiner Hand über den Kopf. »Dann wirst du begreifen, daß erst die Erfahrung eines gebrochenen Herzens den Menschen ganz ausmacht ...«

In meinem späteren Leben habe ich mich immer wieder von der tiefen Wahrheit dieses Satzes, den ich meinem Vater verdanke, überzeugen müssen. Denn allein in einem Herzen, das Schmerz und Kummer trägt, das mitleidet, das von Schuldbewußtsein und Reuegefühlen geplagt wird, lebt die menschliche Ganzheit, lebt Menschlichkeit.

Dowid-Nissn, mein Onkel, war ein Privatlehrer. Seine Schüler wohnten an allen Ecken und Enden der Stadt. Das ermöglichte ihm, auf dem Weg von einer Lektion zur anderen, sich bei den verschiedensten Bibliotheken mit neuem Lesestoff zu versorgen. Abends, wenn er zu uns nach Hause kam, wo in einer engen Kammer sein Bett stand, war er voll bepackt. Unter beiden Armen trug er die Buchpakete. Bis spät in die Nacht hinein las er im Schein unserer blakenden Stubenleuchte. Zweifellos zehrten diese nächtlichen Lesestunden erheblich an unserem Budget. Doch nicht nur, daß meine Mutter – ganz nach Art wirklich armer Leute – niemals ein Wort über diese finanzielle Belastung verlor, freute sie sich auch noch an der gelehrten Besessen- und Belesenheit ihres Bruders. Mehr als einmal hörte ich sie zu unserer Nachbarin sagen:

Was sagen sie bloß zu meinem Bruder? Gesund soll er sein, und leben soll er! Hat er doch schon wieder die ganze Nacht über seinen Büchern gesessen. Ein richtiger Philosoph …

Und die Augen meiner Mutter strahlten vor Stolz. Lediglich eines bereitete ihr ein wenig Sorge: ob unter dem allnächtlichen Studium des philosophischen Onkels nicht der kindliche Schlaf des Neffen litte, dessen Bett im selben Raum stand. Meine gute Mutter ahnte nicht, daß dem Neffen, also mir, diese nächtlichen Stunden lieb und teuer waren. Es verschaffte mir großes Vergnügen, den Onkel in seiner Versunkenheit zu beobachten, sein durchgeistigtes Gesicht zu sehen, seine intelligenten Hände, deren Finger sich zuweilen fieberhaft in Bergen von Büchern vergruben. Und mit

stockendem Herzen vernahm ich das herrliche Rascheln gewendeter Seiten …
War es ein Wunder, daß ich mich auf die Nächte freute? Gewiß brachten sie mich um manche Stunde Schlaf, aber wieviel Glück bescherten sie mir! Mit Ungeduld hielt ich Ausschau nach den Abenden, an denen der Onkel bücherbeladen heimkehrte. Je gewaltiger die Pakete, desto größer meine Freude.
Doch eines Abends durchbrach der Onkel die Regel. Statt vieler Bücher brachte er nur eines mit. Meine Enttäuschung war derart groß, daß ich fast zu weinen begann. Der Onkel, dem meine Begeisterung für seine nächtliche Beschäftigung schon längst kein Geheimnis mehr war, begriff den Grund meines Kummers. Er zupfte mich am Ohr und sagte: Sei nicht traurig. Ich habe heute wirklich nur ein einziges Buch mitgebracht. Aber mit diesem Buch werde ich die ganze Nacht zu tun haben. Es wiegt mehr als alle Pakete, die ich sonst heimschleppe.
Was für eine Art Buch kann das sein, fragte ich, wenn es mehr ist als alle anderen?
Das ist ein Buch von Baruch Spinoza, dem großen Philosophen.
Oh, rief ich begeistert, ein Philosoph. Dann ist er so etwas wie du!
Wie ich? fragte der Onkel verblüfft.
Na ja, sagte ich, die Mama sagt immer: Mein Bruder – das ist ein richtiger Philosoph. Ich hab's selbst gehört!
Das ist ein Scherz von der Mama, entgegnete der Onkel lächelnd. Ich bin, wie du weißt, nur der Lehrer Dowid-Nissn. Aber Spinoza … das ist Spinoza! Ein ganz großer und wichtiger Philosoph. Er hat eine Menge berühmter Bücher geschrieben. Und eines von ihnen habe ich heute mitgebracht, seine »Ethik« …
Ethik? fragte ich. Was heißt das?
Die Ethik, begann der Onkel geduldig zu erklären, lehrt uns, menschlich unter Menschen zu leben. Sie

zeigt, wie jeder einzelne von uns dem anderen zu begegnen und entgegenzukommen hat. Wonach er trachten muß, ohne dabei dem anderen zu schaden. Aber weißt du was, unterbrach sich der Onkel, ich werde dir nach dem Abendbrot eine Geschichte erzählen. Sie wird dir zu verstehen helfen, was Ethik meint und bedeutet. Willst du?
Und ob ich wollte! Im Anhören von Geschichten fand ich kein Ende. Außerdem wußte ich, wie gut der Onkel zu erzählen verstand. Ungeduldig sah ich zu, wie er sein spärliches Mahl verzehrte. Kaum hatte er den letzten Bissen im Mund, drängelte ich: Nun erzähle!
Und der Onkel begann: Es war einmal ein großer und gelehrter Mann. Der hat Hillel geheißen. Überall liebte und verehrte man ihn. Die Kunde von seinem Wissen und seiner Menschenfreundlichkeit war weit über die Grenzen des Landes hinausgedrungen. So stand sein Name nicht nur bei den Juden, sondern auch bei den Nachbarvölkern in hohem Ansehen. Da machte sich eines Tages einer aus den heidnischen Völkern zu ihm auf den Weg. Bevor er aber zu Hillel gelangte, traf er auf Schammai, Hillels Zeit- und Glaubensgenossen, der nicht weniger gelehrt und gebildet war.
Ich will Jude werden, sagte der Heide, aber du mußt mich das ganze Judentum lehren, während ich auf einem Fuß stehe. Da stieß ihn Schammai mit einem Lineal, das er in der Hand hatte, von sich.
Als der Heide schließlich vor Hillel stand und sein Anliegen wiederholte, sagte Hillel nur einen einzigen Satz. Und dann fügte er hinzu: Das ist die ganze Lehre, alles übrige ist Erklärung. Nun geh und lerne!
Der Onkel hatte, wie es schien, plötzlich geendet. Und mich in größte Neugier versetzt. Was für einen Satz, fragte ich aufgeregt, hat Hillel denn gesagt?
Aber du kennst ihn ja, entgegnete der Onkel. Alle

Welt kennt ihn, er ist sprichwörtlich geworden. Er ist der Kernsatz unseres Glaubens und aller Ethik. Er lautet: »Was du nicht willst, daß man dir tu', das füg' auch keinem andern zu!« Im Lauf der Jahrhunderte haben unzählige Philosophen in Tausenden von Büchern allein über diese Forderung nachgedacht. Auf diesem so kurzen wie verständlichen Gebot steht die Welt, beruht der Mensch ... Wenn er es, Gott behüte!, vergißt oder zu umgehen trachtet, versinkt er ins Bodenlose, gerät die Welt an den Abgrund ... Merke es dir, mein Junge!

Wie fast alle Nächte lag ich auch in dieser Nacht lange wach. Mit klopfendem Herzen und brennenden Augen sah ich zu, wie sich der Onkel in Spinozas »Ethik« versenkte. Und dabei malte ich mir aus, wie ich selbst am nächsten Tag die Welt aufs eindringlichste mit dem Kernsatz unserer Lehre, diesem »Was du nicht willst, daß man dir tu' ...« bekanntmachen und dadurch zur Umkehr bewegen würde. Anfangen wollte ich mit Ruwke, dem Rädelsführer der jugendlichen Bande unseres Häusergevierts, der ständig auf andere einschlug ... Ich stellte mir vor, wie ich ihn unter Berufung auf unseren großen Hillel zur reuevollen Einsicht in sein bisheriges Treiben führte ... Ferner gedachte ich, dem ständig betrunkenen Timoschka mit unserer Ethik zu kommen, so daß er sich künftig schämen würde, seine Dussja und seinen Mischka im Rausch zu verprügeln ... Des weiteren beschloß ich, mit Hilfe unserer argumentierenden Ethik einen anderen Bösling zu bessern: den Amtmann Spakowski. Er würde aufhören, die arme Dwojre zu belästigen, und es unterlassen, ihr ständig die letzten Groschen abzunehmen ... Und dann würde ... Und dann wollte ... Und dann müßte ... Fehlte es etwa an Bösewichten, denen man die Goldenen Wörter der Hillelschen Formulierung unter die Nase und ins Gewissen hätte reiben können? In meinem kindlichen Herzen war ich fest davon überzeugt, daß es lediglich des er-

innerten Zitats und meines Nachdrucks bedurfte, um alles Schlechte von der Welt zu verbannen und das Leben für alle wesentlich zu erleichtern.
So muß ich eingeschlafen sein. Mit den gemurmelten Namen aller Bösewichte auf den Lippen, die mir eingefallen waren und die sich sogleich in meiner verlängerten Vorstellung zum Besseren gewandelt hatten. Das war ein goldener Traum. Ein Traum, der in unserer armseligen Stube ein großes Licht entzündete, das Licht jenes »Was du nicht willst, daß man dir tu' …«

Kein Porzellan aus Meißen, Sèvres oder Kopenhagen adelte je die Fächer unserer Anrichte. Das Eßservice bestand aus einem halben Dutzend schon reichlich abgenutzter Keramikteller, deren ursprüngliche Bemalung unter der verschrammten Glasur nur noch zu ahnen war. Aber was tat das – wir aßen von ihnen, sofern nur etwas vorhanden war, was sich servieren ließ. Und wenn Mutter dann nach solch einer Mahlzeit die Teller sorgfältig spülte und trockenrieb, erstrahlten sie in einem Liebreiz, gegen den aller Glanz aus Meißen sich vermutlich gering ausgenommen hätte. Möglich, daß dieser Zauber allein von der Mutter herrührte, dem Leuchten ihrer Augen und der unvergleichlichen Anmut ihrer Hände.

Noch kostbarer allerdings wurden mir unsere Teller einer anderen, ihnen offensichtlich innewohnenden Eigenschaft wegen. Nämlich jener: Menschen und Menschenleben retten zu können. Denn als einmal einer dieser Teller trotz aller aufgewandten Sorgfalt zu Bruch ging und auf den Küchenfliesen in tausend Stücke zersprang, hat die Mutter, nachdem der erste Schreck verflogen war, sich erheitert und lächelnd gesagt:

»Nun gut, mag es eine Kapore sein!«

Und ich Pechvogel, dem dazumal der Teller entglitten war, verstand anfangs überhaupt nicht, welchen Grund zur Freude Mutter da entdeckt haben mochte. Wußte ich doch schon, wie teuer uns der Kauf noch des billigsten Tellers zu stehen kam. Und ich erinnerte mich zahlloser Stoßseufzer des Vaters über sein kärgliches Einkommen, das nie für das Notwendigste reichen wollte. Außerdem hatte ich nicht die mindeste Ahnung, was es mit dem Wort »Kapore« auf sich haben könnte. Bis Mutter mich wenig später über den tieferen Sinn des Opferns aufklärte und das Wort »Kapore«, welches Sühneopfer bedeutet und sich aus dem hebräischen Wort für Versöhnung und Auslösung herleitet, auch auf den Verlust eines Tellers bezog. »Ein solcher Verlust«, sagte die Mutter, »kann möglicherweise einen anderen Menschen vor schlimmer Krankheit oder – Gott behüte! – vor dem Tode bewahren. Und in der Hoffnung, daß dem so sein möge, sehe ich in jedem zerbrochenen Teller eine Kapore, die den oder jenen vor drohendem Unheil bewahrt.«

Von da ab wurde es mir zur Manie, streng auf Mutters Hände zu achten, wenn sie mit Geschirrspülen oder Abtrocknen befaßt waren. Geradezu begierig wartete ich darauf, daß ihnen ein Teller entgleiten möge. Ständig wußte ich Namen von Menschen, die einer Kapore bedürftig waren, denn an Kranken und Gebrechlichen, vom Unglück Verfolgten, herrschte in unserer unmittelbaren Umgebung kein Mangel.

»Maminka«, drängelte ich, »Rafael, der Sohn vom Kürschner, du weißt doch, ist wieder sehr krank. Man müßte einen Teller für ihn zerbrechen. Und Riwke, du kennst sie doch auch, ist gerade gestern die Treppe hinuntergefallen ... Maminka, sie brauchen eine Kapore!«

Und die Mutter hat aufgeseufzt, mich vielsagend angeblickt mit ihren schönen dunklen Augen und unter einem Lächeln, das fast ein Weinen war, einen Teller wie von ungefähr fallen und zerspringen lassen. Mild und leise hat sie hinzugefügt:

»Ich weiß, mein Kind, ich weiß. Es braucht viele Kapores. Mag es diesmal für Rafael sein und für Riwke. Und auch für dich, mein Junge.«

Oft – der Himmel rechne es mir nicht als Sünde an – habe ich auf diese Art und Weise auch ein Kätzchen oder einen Hund durchgeschmuggelt, die eines sol-

chen Opfers – der Leser möge davor bewahrt sein! – dringend bedurften. Verließ ich mich doch zurecht auf Mutters verzeihende Güte und Barmherzigkeit.
»Maminka«, begann ich mit weinerlicher Stimme, »Kasiks ›Flocki‹ liegt im Sterben ... Man braucht eine Kapore!«
»›Flocki‹ sagst du?« fragte Mutter lächelnd. »Nun ja, es ist gut mein Kind, daß du ein Herz hast für alle Geschöpfe.«
Ein anderes Mal war es das Hündchen einer Nachbarin und ein weiteres Mal ein Kätzchen. Und stets sagte Mutter: »Mag es eine Kapore sein für Gottes Geschöpfe ... Und auch für dich, mein Kind.«
Dann ließ sie den Teller fallen. Und unsere Ehrfurcht, mit der wir beide auf die Scherben blickten, war groß.
Später, als der Vater von der Arbeit gekommen war und wir uns zum Essen niedergesetzt hatten, blieb es nicht aus, daß er das Fehlen eines unserer Teller bemerkte. Denn in einem ärmlichen Haushalt läßt sich auch der geringste Verlust kaum verbergen. Und mit gespielter Strenge herrschte mich der Vater an:
»Na, Tolpatsch, hast du wieder einmal gezeigt, was du kannst?«
Im Grunde aber wußte Vater genau Bescheid. Er wußte um die vielen Kapores, die Mutter mit offenen Händen und einem freigiebigen Herzen darbrachte. Und mit einem Seitenblick auf die wahrhaft Schuldige hat der Vater gutmütig gemurmelt:
»Wie ich sehe, werden die Teller bei uns immer weniger. Nur mein Lohn wird nicht mehr. Weißt du, Blume, was ich dir sagen will? Meinetwegen zerschlag die Teller – aber zerschlag sie gerecht und mit ein wenig Überlegung!«
Die Mutter ist bei seinen Worten rot geworden und hat gar nicht geantwortet. Und am nächsten Abend ist der Vater mit einem neuen Teller von der Arbeit nach Hause gekommen. Aber auch der hat natürlich nicht

lange gehalten. Denn irgend jemanden gab es immer, den Mutter von Krankheit oder anderen Nöten auszulösen trachtete. Und ich – was wahr ist, ist wahr! – habe ihr dabei nach Kräften geholfen.

So vergingen die Jahre meiner Kindheit unter dem Zeichen zerbrochener und zerbrechender Teller. Jener Teller, mit deren Hilfe meine Mutter, die in ihrem Herzen das Leid einer ganzen Welt verspürte, unentwegt gegen fremde Not und fremdes Unglück ankämpfte. Aber seltsam, als sich in der Zeit der faschistischen Verbrechen das grausame Messer auch auf ihren Nacken senkte, fand sich auf der ganzen Welt, die voll ist von kostbaren Porzellanen edelster Verarbeitung, nicht ein einziger angescherbter Keramikteller, der als Kapore für ihr lauteres Herz und ihre leuchtenden Augen gedient hätte.

»Dem Herrn ist es nicht lieb, daß man jubelt, wenn der Feind fällt. In jener Stunde, als die Ägypter ertranken, wollten die Engel Gott ein Loblied singen. Er aber rief: Ma'aße jodaj schauwin bajam weatem schiroh – Menschen, von mir geschaffen, gehen unter im Meer, und ihr wollt jauchzen?«
Als der Großvater mit mir an die Ausdeutung dieser Stelle im Midrasch* Esther gelangte, hielt er gerührt inne und glättete mit einer zärtlichen Handbewegung die Seiten. Seine Augen leuchteten, als er sagte:
Mit dieser Erzählung geben uns unsere Weisen – zum Segen sollen sie erinnert sein! – eine Vorstellung von der unermeßlichen Liebe des himmlischen Herrschers zu all seinen Geschöpfen, einen Abglanz von seiner Gnade und Barmherzigkeit … Selbst der Unwürdigen erbarmt er sich! Und diese Nachsicht haben wir Menschen von ihm zu lernen: Bedenke es, mein Sohn!
Meinem frommen Großvater hatte ein Begriff wie »Humanismus« lebenslang wenig zu sagen. Dennoch verhalf er mir durch seine Unterweisungen zum Verständnis dieses Begriffs. Er entdeckte mir das Geheimnis der Liebe zum Menschen, des Erbarmens mit ihm und des Kummers über all seine Leiden.
Gottes Verbot, ihm ein Loblied zu singen, wenn Menschen umkommen, erschütterte mich und weckte bereits in meiner Kindheit den Glauben an den Maßstab des Erbarmens. Auch später, als mir nicht länger verborgen blieb, daß diese Legenden und Erzählungen von Menschen gesammelt und überliefert worden waren, die ihre Eigenschaften und Vorstellungen auf Gott übertragen hatten, brannte der Glaube weiter in

mir, daß es auf der Welt ein gewisses Maß an Barmherzigkeit und gutem Willen gäbe, ein Maß, nach dem gewogen und gemessen würde …

Ich trug diesen Glauben, wie er mich trug. Und verlor ihn, als die grausamen Vernichtungen begannen und das Flackern von sechs Millionen erlöschender Flammen sich als höllische Wirklichkeit dem Herzen einbrannte …

Da habe ich mich gefragt: Wie kann das möglich sein, daß Gott in der grauenhaften Finsternis einer Zeit, in der ein ganzes Volk zur Schlachtbank geführt wurde, seine Engel, die ihm immerfort ihr Halleluja sangen, nicht unterbrach? Wie konnte er weiterhin die Sonne über einer verblutenden Welt aufgehen lassen und zusehen, wie sie ihr goldenes Licht verströmte, wie Gräser saftig grünten, Flüsse flossen und die Brandung des Meeres ihr ewiges Lied sang? Wo zeigten sich Erbarmen und Gnade, die göttlichen Maßstäbe, nach denen doch alles im Leben gewogen und gemessen wird?

Unaufhörlich stellte ich mir diese Fragen in meiner Trauer und Verzweiflung. Mein lang bewahrter Glaube an die Barmherzigkeit kam mir kindisch vor. Gibt es das überhaupt – ein Maß des Erbarmens?

Spräche ich zu meinem Großvater von meinen Zweifeln, würde er mich auf jene Stelle im Midrasch verweisen und mit gebrochener Stimme sagen:

Du hast unrecht, mein Junge. Wir dürfen keinen Augenblick daran zweifeln, daß es auf dieser Welt ein Maß der Gerechtigkeit und des Erbarmens gibt. Immer und ewig!

Mit zitternder Hand würde er sich eine Träne wegwischen und hinzufügen: Was immer auch geschehen mag …

Immer wieder fasziniert mich in unserem Museum die Kopie von Michelangelos Moses-Skulptur. Ich gerate in Begeisterung, wenn ich sie sehe. Auf wunderbare Art und Weise vereinigen sich in ihr übermenschliche Kraft, ein alles bezwingender Wille, eine übermächtige Geistigkeit und das Toben eines Gewittersturms mit der Allbarmherzigkeit göttlichen Verzeihens – mir ist es die Synthese aller Empfindungen und Ausbrüche, die, Ebbe und Flut vergleichbar, das Gemüt Moisches bestürmten.

Eines Tages, als ich wieder einmal gedankenverloren vor Michelangelos Skulptur stand, gesellte sich jemand zu mir, den ich bis dahin noch nie bemerkt hatte.

Entschuldigen Sie, sagte er, daß ich mich an Sie wende, aber ich konnte mein Verlangen nicht unterdrücken, Sie anzusprechen. Sehe ich doch, daß diese Skulptur Sie in den Zustand völliger Selbstvergessenheit versetzt …

Ich meinte Ironie aus seinen Worten herauszuhören und entgegnete gereizt:

Und Sie, wie ich sehe, läßt diese Figur völlig kalt?

In der Tat, sagte er.

Soll das heißen, fragte ich irritiert, daß Michelangelos Skulptur Sie nicht in größte Begeisterung versetzt?

Sie sagen es! erwiderte er seelenruhig.

Ich verlor die Fassung und rief: Sie wollen allen Ernstes behaupten, daß Michelangelo Ihnen nichts zu sagen hat?

Sie haben recht, er hat mir wirklich nichts zu sagen, entgegnete er. Und schien nicht zu bemerken oder bemerken zu wollen, mit welchen Blicken ich ihn maß,

Blicken, die nur darauf brannten, ihn im Erdboden versinken zu sehen.
Und wissen Sie, warum er mir nicht zusagt, fuhr er fort, weil er uns Moses' Bild zerstört hat. Das Bild unseres wegweisenden Befreiers, der seit Generationen in unserem Volk verehrt wird, dessen Name in den prächtigsten Erzählungen und Legenden unsterblich fortlebt. Und wie zeigt ihn Michelangelo? Einfach als Verbrecher. Schauen Sie sich doch diesen wilden Blick an, diese martialischen Muskelpakete und betrachten Sie die ganze unnatürliche Haltung, ihre herausfordernde Dreistigkeit. Ist das nicht der Prototyp eines Helden aus der Unterwelt?! Ich verstehe, daß Ihnen zu scharf vorkommt, was ich sage, aber das ist nicht allein meine Meinung. Eine Menge angesehener Kunsthistoriker aller Länder und Zeiten sieht es genauso. Wenn Sie wollen, zitiere ich Ihnen die Äußerungen der anerkanntesten Autoritäten …
Und auf der Stelle überschüttete er mich mit Namen und Zitaten. Hätten mich seine Lästerungen nicht derart aufgewühlt, wäre er meiner Bewunderung für seine Beschlagenheit sicher gewesen. Denn offensichtlich hatte es ihn viel Schweiß gekostet, alle erdenklichen Argumente gegen Michelangelo zusammenzutragen.
Aus der Kunstgeschichte ist bekannt, fuhr er fort, daß bald nach Michelangelos Tod eine scharfe Polemik um seine künstlerische Bedeutung entbrannte. Die Zahl der Gegner, die seine Plastiken und insonderheit die Moses-Skulptur ablehnten, nahm rasch zu. In seinem Werk »Die Kontroversen um Michelangelo im 17. Jahrhundert« bündelt der französische Kunsthistoriker Tillier die entsprechenden Äußerungen der Ablehnung und resümiert, daß zuvorderst Michelangelo für den Niedergang der Künste im 16. Jahrhundert verantwortlich zeichne. Und der Engländer Knight unterstreicht in seiner »Analyse der Grundlagen des guten Geschmacks«, daß Michelangelos Werk

»von aller Natürlichkeit weit entfernt ist und nie und nimmer den Rang hoher Kunst für sich beanspruchen darf«. Noch schärfer geht Fisley mit ihm ins Gericht, wenn er feststellt, daß seine Arbeiten »nichts sind als falsche Kunst, einzig und allein hervorgebracht, um den Geschmack einer ganzen Generation zu verderben«. Und der französische Bildhauer Etienne Falconet konstatiert, daß Michelangelos »Moses« sowohl von der Pose als auch vom Ausdruck und erst recht von der Kleidung her das vollkommene Bild eines Verbrechers spiegelt. Der deutsche Maler Anton Raphael Mengs entdeckt, daß Michelangelo in seiner Moses-Figur Schönheit mit Anatomie verwechselt. »In der Anatomie«, schreibt Mengs, »hat Michelangelo Vollkommenheit erreicht, aber die Schönheit blieb er uns schuldig.« Und wenn wir weiter in Betracht ziehen wollen …

Mehr ist nicht nötig! unterbrach ich den Lästerer in aller Schärfe. Ihr Ziel, mich von der Minderwertigkeit der Moses-Skulptur zu überzeugen, haben Sie nicht erreicht. All Ihre Hinweise und Zitate haben mich lediglich davon überzeugt, wie sehr Michelangelo im Recht war!

Im Recht war? entgegnete der Anti-Michelangelist erstaunt. Wie können Sie das behaupten, wo ich Sie doch soeben mit den Ansichten der maßgeblichen Autoritäten konfrontiert habe?

Ja, das behaupte ich! beharrte ich auf meiner Meinung. Michelangelo war und ist im Recht. Seine Moses-Skulptur verewigt genau das, was Moses selbst von sich bekannte.

Selbst bekannte? … Von sich? … Wann? … Wo? gab der Lästerer überrascht und verwirrt zurück. Das verstehe ich schon gar nicht …

Sie werden es schon verstehen, versicherte ich ihm und genoß es, diesen selbstsicheren Menschen derart verunsichert zu sehen. Sie werden es verstehen, wenn ich Sie mit einer rabbinischen Legende aus der Gemara* bekanntmache, einer Erzählung, deren Kenntnis all Ihren aufgeklärten Kritikern, die Sie zitiert haben, den Wind aus den Segeln genommen hätte. Und Sie selbst, der Sie sich doch eingangs auf den Moses in unseren prächtigen Legenden beriefen, scheinen mir diese Erzählung auch nicht zu kennen. Also hören Sie mir zu, ich habe Ihnen auch zugehört, es ist nie zu spät, noch etwas Neues zu erfahren ...

Na ja, willigte mein Gegenüber widerstrebend ein, lassen Sie mal hören ...

Nun hatte ich aber schon zuvor bemerkt, daß unser Disput die anderen Museumsbesucher, die inzwischen erschienen waren, störte. Also zog ich meinen Kontrahenten ins Vestibül. Und da begann ich:

In der Gemara, und zwar im Traktat Kidduschin, wird berichtet, daß Moische Rabbejnu, nachdem er soviele Wunder vollbracht und sein Volk aus Ägypten herausgeführt hatte, zur Sensation des Jahrhunderts avancierte. Kein Wunder also, daß alle Welt sehen wollte, wie dieser Mensch aussieht. Und einer, der vor Neugier fast verging, war König in einem der Länder des Nahen Ostens. Er zitierte die vier angesehensten Porträtisten seines Landes zu sich und schickte sie in die Wüste. Dort jagten sie Moses und seinem Volk nach. Als sie es aufspürten und schließlich vor Moses standen, erzählten sie von dem strikten Befehl ihres Königs und baten ihn, sich um Gottes und um ihretwillen malen zu lassen. Moses willigte ein. Und die Maler gingen an die Arbeit. Jeder nach seiner Art. Ein jeder bemüht, die ihm wesentlich und charakteristisch erscheinenden Züge des zu Porträtierenden herauszuarbeiten. Was – bei aller äußeren Ähnlichkeit – schließlich herauskam, waren viererlei Ansichten, vier grundverschiedene Porträts. Das eine zeigte Moses als heroischen Kriegsherrn, das andere versetzte ihn in den Stand der Heiligkeit. Den dritten Maler hatten die Gesichtszüge des Intellektuellen fasziniert, sein Moses war ihm zur leiblichen Verkörperung von

Weisheit und Erfahrung geraten. Nur der vierte Maler war nicht über den Ausdruck, der sich ihm im ersten Blick aufs Modell mitgeteilt hatte, hinausgegangen. Sein Bild zeigte lediglich, was er auf Anhieb gesehen hatte: die Züge eines Verbrechers, eines Menschen aus der Unterwelt.

Als die Maler ihre Arbeit beendet hatten, brachten sie ihre Bilder vor Moses und baten ihn um seine Meinung. Er sollte darüber entscheiden, welches das gelungenste sei.

Alle sind gut, sagte Moische Rabbejnu nach einiger Überlegung. Jedes von ihnen fängt etwas von dem ein, was mich charakterisiert. Doch am besten fühle ich mich von jenem Maler verstanden, der mein verbrecherisches Antlitz ins Bild brachte. Denn als Verbrecher wurde ich geboren, und ein Leben lang habe ich gebraucht, um meine kriminellen Neigungen niederzukämpfen und mir letztlich etwas von jenen Eigenschaften zu erobern, die die anderen drei Maler ins Bild brachten …

So etwa geht, beendete ich meine Rede, in Kürze die fromme Legende, um die Michelangelo höchstwahrscheinlich wußte. Denn wir wissen, daß er die Bibel genauestens kannte und sich während der Vorarbeiten für die Moses-Skulptur umfassend kundig gemacht hat.

Da war es wohl vor allem diese Legende, die ihn bestärkte, seinen Moses in aller menschlichen Schwachheit zu zeigen und zugleich einen Eindruck von der übermenschlichen Kraft zu vermitteln, die über alle Schwachheit triumphiert. Und es ist ihm derart gut gelungen, daß man meint, Moses hätte ihm leibhaftig Modell gesessen.

Mein Kontrahent zeigte sich beeindruckt. Die talmudische Legende schien ihre Wirkung nicht verfehlt zu haben. Ich meinte es zu bemerken, als wir schweigend in den Saal zurückgingen und uns erneut vor der Skulptur postierten. Sein Blick, mit dem er Michel-

angelos Moses nun ins Auge faßte, schien mir um etliches aufmerksamer und wohlwollender zu sein.
Später, in der Garderobe, als ich schon in meinen Mantel schlüpfen wollte, kam er außer Atem die breite Treppe heruntergelaufen:
Gut, daß ich Sie noch treffe. Ich möchte Ihnen für die Bekanntschaft mit der Legende danken. Während ich ihr nachsann, habe ich begriffen, warum unser Volk von »Moische Rabbejnu« spricht, von »Moses, unserem Lehrer«. War er nicht selbst lebenslang ein Lernender, der das angeborene Böse durch annehmbare und angenommene Lehre ins Bessere zu wenden trachtete? Und tritt der Kern unserer Lehre nicht aufs bündigste in der unentwegten Bereitschaft zu lernen ans Licht?! Ich erkenne Michelangelos Absicht, die uns Moische Rabbejnu in der Gestalt des Verbrechers nicht nur denunziert, sondern zugleich auch vermenschlicht. Ich bitte Sie, schloß er mit einem verlegenen Lächeln, mir all meine Lästerungen nachzusehen und zu verzeihen …
Stunden später, es war mitten in der Nacht, besuchte mich Moische Rabbejnu. Riesig und mächtig, ganz so, als hätte ihn Michelangelo erschaffen. Und das Licht, das von ihm ausging, blendete meine Augen. Mein Zimmer, soviel sah ich noch, war viel zu klein für ihn.
Erschrick nicht, sagte er, ich bin Michelangelos Skulptur tatsächlich ähnlich. Und doch komme ich nicht als steinerner Gast zu dir, sondern als deinesgleichen, als ein Mensch aus Fleisch und Blut. Ich möchte einfach mit dir reden, über unser Volk sprechen, über seine Vergangenheit und seine Zukunft. Und ob ich will oder nicht, werde ich dabei auch ein Wort über mich verlieren müssen. War und bin ich doch wie kein zweiter mit meinem Volk, seinem Ergehen und seiner Geschichte verbunden …
Als er dies sagte, spürte ich seine Hand auf meiner Schulter. Und diese Hand war weder steinern noch

kalt. Ich verspürte brüderliche Wärme, und aller Schrecken, der mich anfangs überfallen hatte, verlor sich. Moses fuhr fort:
Mir ist das heutige Gespräch im Museum nicht entgangen, hat mir Michelangelos Genialität doch zu ewigem Leben verholfen. Ich wurde Zeuge, wie du deinen Gesprächspartner mit der bewußten Legende von meinen Porträtisten überrumpelt hast. Aber die Legende ist nicht nur Legende. Ich erinnere mich noch wie heute jener vier Maler, die mir in die Wüste folgten. Und besonders lebhaft steht mir der letzte vor Augen, der meine verbrecherischen Neigungen erstmals ins Bild brachte. Wie dieser erste Porträtist sah auch Michelangelo in mir vor allem den Menschen. Und daß er die Abgründigkeit meines Naturells eher noch stärker herausarbeitete, rührt daher, daß er wirklich begriffen hatte, daß niemand zum Befreier seines Volkes taugt, der nicht über einen allesvernichtenden Zorn verfügt und einen unerschütterlichen Siegeswillen angesichts seiner Unterdrücker ... Michelangelos göttliche Inspiration hat zutage gefördert, was niemand zuvor derart scharf erkannte: daß ein ausgemachter Verbrecher – was soll ich übermäßig bescheiden sein? – mit aller Gewalt, List und Stärke ein Volk von Sklaven zu ewiger Freiheit befreite!
Moses glättete seinen Bart mit einer Geste, die mich einmal mehr an Michelangelos Skulptur erinnerte, ehe er fortsetzte:
Und wirklich hat diese Willenskraft, die Kraft meiner Arme – wie anders läßt sich gemeines Volk sonst überzeugen? – es vermocht, vierzig entbehrungsreiche Jahre lang ein Rudel befreiter Sklaven in der Wüste herumzuführen. Wie anders als drakonisch hätte ich seine widerspenstigen Herzen bestimmen können, endlich abzulassen von der Gier nach den Fleischtöpfen Ägyptens? Wie anders hätte ich die Herzen zur Freiheit und zur Freiheitsliebe aufstacheln können?

Von damals bis heute hat dieses Volk nicht aufgehört, die Freiheit zu lieben. Bei allen Völkern steht es mit seinen verstreuten Söhnen in der vordersten Reihe, wenn es gilt, deren Freiheit wie die eigene zu erkämpfen. So war es bei Simon Bar-Kochba, bei Juda Makkabi, und so ist es bei den Aufständischen im Warschauer Getto gewesen …

Bei diesen Worten erhob Moische beide Hände. Ich erschrak. Wo sind denn die Gesetzestafeln? fragte ich entgeistert.

Die habe ich zerbrochen, entgegnete er bitter. Nicht, weil ich meinem Volk zürnte, wie der Pentateuch sagt, sondern weil ich Gott fluchte. Ich verwarf und verwerfe seine Gebote! Wer braucht die Gebote eines Gottes, der jahrtausendelang gleichgültig und uninteressiert dem Untergang und der Auslöschung eines Volkes zusieht, das seinen Geboten in der Welt erst zum Durchbruch verhalf und dann von eben dieser Welt verfolgt, geschändet und vernichtet wird? Mein Zorn richtete und richtet sich gegen ihn. Wer, frage ich noch einmal, braucht solch einen Gott?

Ratlos und ohne Antwort zu wissen, hörte ich ihm zu. Seltsam unangefochten von der Ungerechtigkeit seines vulkanischen Ausbruchs. Was verriet er anderes als das Lodern eines göttlichen Feuers in seinem Inneren?!

■ Sein Vergnügen ■

Im Treppenhaus begegne ich einem Nachbarn. Ich grüße ihn und will weitergehen, da spricht er mich an: Haben Sie das gesehen?
Was soll ich gesehen haben? frage ich zurück.
Wie der Mensch aus dem dritten Stock gestern abend seine Frau verprügelt hat? Ich war Zeuge. Ich habe alles verfolgt, von Anfang bis Ende. Gleich als der Tumult losbrach, bin ich aus der Wohnung gerannt …
Um die beiden auseinanderzubringen? falle ich ihm naiv ins Wort.
Er schaut mich geringschätzig an: Warum hätte ich die beiden auseinanderbringen sollen? Sollen sie sich doch schlagen, solange sie wollen!
Seltsam zufrieden setzt er hinzu: Und wie er sie zugerichtet hat! Bis Blut kam!
Finden Sie daran Vergnügen? frage ich. Sind Sie selbst eine derart gewalttätige Natur?
Sie haben Einfälle! empört er sich. Wissen Sie nicht, daß ich ein stiller und zurückhaltender Mensch bin? Ein treusorgender Familienvater? Keiner Fliege reiße ich ein Bein aus …
Ich schaue ihn mir genau an, diesen stillen Liebhaber lautstarker und tätlicher Auseinandersetzungen. Klein und grau, erinnert er mich an eine Maus. Sein Gesicht ist so nichtssagend und flach wie ein unbelegtes Butterbrot. Und diesen unauffälligen Kleinbürger, der keiner Fliege etwas zuleide tun kann, gelüstet es nach Mord und Totschlag …
Wie läßt sich das erklären? Vielleicht mit dem Begriff der Aristotelischen Katharsis? Dem Drang, die eigenen, unterbewußten Mordgelüste zu stillen und sich ihrer halbwegs zu entledigen, indem fremdem

Mord, fremder Gewalttat mit Vergnügen applaudiert wird?

Ich sehe, wie in seinen farb- und ausdruckslosen Augen ein Funke glimmt, angefacht durch die Erinnerung an das gestrige Geschehen; ich höre, wie sich seine schläfrige Stimme belebt, als er wiederholt: Nein, was haben sie sich geschlagen! Bis aufs Blut!

Und ich denke: Was wirst du tun, wenn die Menschen eines schönen Tages damit aufhören, einander zu quälen, zu unterdrücken und bis aufs Blut zu peinigen? Dein fades Leben wird seinen letzten Glanz verlieren ...

Nur sein Leben? ... Auf der ganzen Welt existieren Geschöpfe wie er, die es ergötzt, wenn sie sehen, wie andere sich foltern, unterdrücken und schlagen. Was werden sie tun, diese armseligen Seelen, wenn sich die Menschheit ein für allemal auf den einzig wirklich menschenmöglichen Satz einigt: Genug!

Was werden sie tun?

Alle Jahre am Vorabend des Versöhnungstages* hat mich der Großvater gesegnet. Ich bin beklommenen Schritts vor ihn hingetreten, er hat mir seine zitternden Hände aufgelegt, den Segensspruch geflüstert und alsbald heftig zu weinen begonnen. Ich war ziemlich sicher, daß seine Tränen meinen Unarten galten, die auch im zurückliegenden Jahr nicht weniger geworden waren.
Mein Herz geriet in Beklemmung, und ich verspürte heftiges Mitleid mit meinem guten Großvater, der lediglich meinetwegen soviel unnützes Leid trug. Ich nahm mir fest vor, ihm von jetzt ab keinen Kummer mehr zu machen. Im kommenden Jahr sollte er nicht mehr weinen müssen.
Es kamen neue Vorabende des Versöhnungstages. Abende, an denen der Großvater vernünftigerweise keinen Grund mehr gehabt hätte, Tränen zu vergießen, während er mich segnete. Wurde ich doch von Jahr zu Jahr verständiger und gab immer weniger Anlaß zu ernsthafter Bekümmernis. Dennoch: Großvaters Hände zitterten, und sein Weinen schwoll an. Langsam wurde es mir rätselhaft.
Einmal, am Ende eines Versöhnungsfestes, als unsere ganze Familie bei Tisch vereint war, um sich mit einem feierlichen Mahl von den Fasttagen zu verabschieden – der Großvater saß überglücklich obenan und strahlte vor Freude, alle um sich versammelt und alle aller Sünden ledig zu sehen –, faßte ich mir ein Herz und fragte: Warum, Großvater, hast du gestern, als du mich segnetest, wieder so furchtbar geweint? Warum weinst du jedes Jahr? Bloß, weil ich sündig bin? Ich habe doch immer bereut und mich von Jahr

zu Jahr gebessert. Merkst du das nicht, Großvater? Du merkst doch sonst alles …
Da zwickte mich der Großvater in die Wange. Gewiß, mein Kind, sagte er milde, ist es gut, daß du bereust und dich ständig bemüht hast. Und ich sehe auch, wie es von Jahr zu Jahr besser mit dir wird. Deswegen müßte ich wirklich keine Träne mehr vergießen. Ich weine wegen etwas anderem. Aber – hat der Großvater sich selbst unterbrochen – jetzt ist nicht die Zeit, davon zu reden. Heute ist Feiertag! Alle Sünden sind vergeben, und der erste Pflock für die Laubhütte* ist eingeschlagen … Freude und Frohsinn sollen sein!
Als der Großvater meinen enttäuschten Blick sah, setzte er hinzu: Heute wirklich nicht, mein Junge. Aber da du – kein böser Blick soll dich treffen! – schon ein verständiger junger Mann bist, will ich's dir morgen sagen. Morgen, so Gott will, werden wir uns wie zwei Erwachsene darüber unterhalten. Gut?!
Ein Problem für sich, dieses »Gut?!«. Ich schlief die ganze Nacht nicht. Und morgens, gleich nach dem Aufstehen, stahl ich mich in Großvaters Zimmer, setzte mich ihm am Tisch gegenüber und wartete ungeduldig auf den Augenblick, daß er seine Augen von der Gemara abwenden würde, um mit mir »wie mit einem Erwachsenen« zu sprechen.
Noch lange studierte er, im rhythmisierenden Fluß der vorgegebenen Melodik, den talmudischen Text. Endlich aber war es soweit. Allmählich und ehrfurchtsvoll schob er den Folianten zur Seite. Und begann, mit seinem rotkarierten Gelehrtentaschentuch die Brille zu putzen, ohne dabei seinen jugendlich scharfen Blick, den er inzwischen auf mich gerichtet hatte, von mir zu wenden.
Ich weiß, begann er, daß du ein guter Junge bist. Und ich hoffe, daß du mit Gottes Hilfe ein guter Jude und ein wohlgelittener Mensch werden wirst … Jedesmal, wenn ich dich segne und währenddem darüber nachdenke, freue ich mich von ganzem Herzen …

Aber wie, unterbrach ich den Großvater erstaunt, kommt es dann, daß du dennoch weinst?
Ja, hat der Großvater nachdenklich wiederholt, ich freue mich wirklich aus vollem Herzen ... Aber dabei weiß ich auch – und ich vernahm sein schweres Seufzen –, daß der Weg bis dahin lang ist. Es ist nicht leicht, ein guter Jude und ein wohlgelittener Mensch zu werden. Es gibt die verschiedensten Verlockungen, Menschen, die nicht immer gut sind, Dinge, die dich vom rechten Weg abbringen. Und wenn du all dem begegnest, kommst du – was Gott verhüten möge! – leicht in Versuchung, das heilige Gebot »Liebe deinen Nächsten wie dich selbst« hintanzusetzen, zu vergessen und dich durch Haß und Feindschaft zu versündigen ... Wenn ich mir das vorstelle, beginnen meine Hände vor Schreck zu zittern, und die Tränen schießen mir in die Augen, und ich flehe zum Höchsten, daß er dich vor dieser größten aller Gefahren behüten möge: den Menschen zu hassen ...
Jahre und Jahrzehnte sind vergangen. Die Wege, die ich inzwischen geführt wurde, waren dornenreich. Und das Gros aller Dornen säten Menschen. Noch oft erliegt mein Herz den Versuchungen der Bitterkeit und läuft Gefahr, die menschliche Art zu hassen. Doch in meinen Ohren vernehme ich das ergreifende Weinen meines Großvaters, der ein schlichter, ehrlicher, großer Jude und Mensch gewesen ist. Und in die eine der beiden für kurze Zeit unschlüssig pendelnden Waagschalen meines Herzens fällt das Gewicht seines »Liebe deinen Nächsten wie dich selbst«.

Eines Abends ist ein Freund zu mir gekommen und hat mich in deprimierter Stimmung angetroffen.
»Was läßt du so den Kopf hängen?« hat er gefragt.
»Ach, es hat sich wieder mal nichts machen lassen«, habe ich geantwortet. »Wohin du auch schaust, nichts als Kummer, Trübsal und Mutlosigkeit.«
Er hat mich scharf gemustert und unvermittelt gefragt: »Hast du irgendwo eine Kerze? So ein einfaches Stearinlicht? Dann bring's her!«
»Wozu brauchst du eine Kerze?« habe ich mich verwundert. »Es brennt doch elektrisches Licht ...«
»Stell keine kniffligen Fragen, bring mir die Kerze!« hat er befohlen.
Und ich bin aufgestanden, in die Küche gegangen und habe eine Kerze gesucht und gefunden. Er hat sie angezündet und das Deckenlicht ausgeschaltet.
»Jetzt schau, was ich tun werde!« hat er gesagt und dabei begonnen, die Kerze zu drehen und in alle Himmelsrichtungen zu halten. Ihre Flamme hat in der Dunkelheit unaufhörlich vor meinen Augen getanzt.
»Was für ein Trick soll das nun sein?« habe ich ihn gefragt.
»Das ist kein Trick«, hat er gesagt, »ich gebe dir nur ein Bild vom Leben. Wie ich die Kerze auch halte und drehe, siehst du, ständig reckt sich ihre Flamme in die Höhe, und sie ist, weiß Gott, nur ein Flämmchen ...«
Mehr hat er nicht gesagt. Wozu auch? Er hat weiter die Kerze gedreht, geneigt, geschwenkt, geführt, gehalten. Und das Flämmchen blieb senkrecht.

Erwartung

Ich liebe die verhangnen Tage,
ihr sanftes Trauern, zartes Weh …
Dem hält, auch wenn ich es nicht seh',
die Sonne stand und Waage.

Ich mag's, wenn Schleier dein Gesicht
wie kummervoll verschatten,
weiß ich doch: Hinter matten
und müden Zügen brennt ein Licht.

Ich liebe alles, was sich nicht
sogleich entdeckt, denn Glück ist Ahnen,
daß Sonne aus den Wolkenbahnen
wie Freude aus der Trauer bricht …

In dieser Stadt bin ich geboren und aufgewachsen. All ihre Straßen und Gassen sind mir vertraut. In ihren Parks, auf ihren Plätzen bin ich zu Hause. Ich kenne ihre verborgensten Winkel.
So dachte ich. Zumindest bis zu jenem Tag, an dem ich mit dem Bus durch ein Neubauviertel am Rande der Stadt fuhr. Ich preßte die Stirn an die Scheiben, sah gespannt hinaus und sog mit gierigen Blicken ein, was da in raschem Tempo an mir vorbeizog.
Meine Neugier und mein Erstaunen angesichts der mir bis dahin unbekannten Gegend ließen sich kaum verbergen. Kein Wunder also, daß sich mein Gegenüber mit der Frage an mich wandte:
»Sie sind Tourist? Besuchen zum ersten Mal unsere Stadt?«
»Das gerade nicht«, sagte ich betroffen. »Ich lebe hier seit meiner Geburt und dachte bis heute, daß ich mich gut auskenne. Doch nun entdecke ich eine Gegend ...«
»Die Ihnen völlig fremd ist?« ergänzte mein Gegenüber. »Oh da verstehe ich Sie. Entdeckungen dieser Art sind verwirrend. Man schwankt zwischen Empfindungen der Entdeckerfreude und der schamhaften Verlegenheit: Wie kommt's, daß ich, ein wirklicher Kenner und so weiter ... Aber seien Sie ehrlich, immerhin sind Sie ein bejahrter Mensch, der genügend Zeit hatte, in sich selbst hineinzuschauen, kennen Sie sich gut?«
Die Frage verblüffte mich. »Wie meinen Sie?« stammelte ich, »Ich denke schon ...«
»Sicher so gut wie die Stadt«, sagte er lächelnd. »Von Geburt an und bis in den kleinsten Winkel. Aber glau-

ben Sie mir, wenn Sie sich innerhalb Ihres Ihnen so unendlich vertraut erscheinenden Territoriums nur ein wenig über den Rand des Gewohnten hinaus begeben, treffen Sie auf unbekanntes Gelände. Und ich wünsche Ihnen«, bei diesen Worten erhob er sich und reichte mir zum Abschied die Hand, »daß Sie's ähnlich betrachten wie dieses hier: leicht beschämt und doch voller Neugier.«

Vorm Überqueren der Fahrbahn schaute ich zuerst nach links und dann nach rechts. Ganz vorschriftsmäßig. Ungefährdet erreichte ich das gegenüberliegende Trottoir. Dort erwartete mich bereits mein Enkel, der den Weg wie gewöhnlich in der halben Zeit hinter sich gebracht hatte. Er musterte mich spöttischen Auges und fragte:
Warum hast du dich denn nach beiden Seiten umgeschaut, Großvater? Weißt du denn nicht, daß dies hier eine Einbahnstraße ist?
Eine Einbahnstraße? stellte ich mich dumm. Was bedeutet denn das?
Aber Großvater! sagte der Enkel und war äußerst zufrieden, daß sich wieder einmal Gelegenheit bot, den uralten Herrn aufzuklären. Seiner Sache vollends sicher, dozierte er:
In einer Einbahnstraße braucht man sich bloß nach einer Seite umzudrehen, denn alle Fahrzeuge fahren nur in einer Richtung!
Oh, sagte ich, jetzt verstehe ich. Natürlich, da hast du recht. Es ist wirklich völlig unsinnig, sich beidseitig zu orientieren …
Wie, dachte ich bitter und leise, soll man in Straßen wie diesen einen Enkel fürs Leben erziehen?

Eine stattliche Anzahl von Jahren ist verflossen, seit ich erstmals in die Geheimnisse des Hebräischen eindrang. Im Laufe der Zeit habe ich nicht wenig gelesen, aber könnte ich je die Leidenschaft vergessen, mit der ich mich in jenen frühen Tagen auf jede gedruckte Zeile warf und sie atemlos buchstabierte, ohne ganz zu wissen, was sie im einzelnen bedeutete? Ebenso unvergessen bleibt mir, wie ich einmal, mitten in der größten Begeisterung, erstaunte und durcheinandergeriet, als ich auf ein unbekanntes, seltsam verdrehtes Zeichen traf, das mir den Weg verstellte.
»Was ist das für ein sonderbarer Buchstabe?« fragte ich meinen Vater. »Wie spricht man ihn aus?«
»Das ist kein Buchstabe«, hat der Vater gesagt, »das ist ein Zeichen für sich, ein Fragezeichen.«
»Wann, warum und wozu braucht man es«, wollte ich wissen, »und warum ist es derart krumm und verbogen, daß es einem ans Herz greift?«
Der Vater erklärte mir, daß das Fragezeichen am Ende eines Satzes steht; am Ende eines Satzes, in dem etwas unklar ist oder offenbleibt und nach einer Antwort verlangt. Und krumm und verbogen sei das Fragezeichen, um sichtbar zu machen, wie sehr es sich danach sehne, begradigt und erlöst zu werden.
»Denn wenn ihm Antwort zuteil wird«, sagte der Vater, »lebt das Fragezeichen auf. Es reckt sich und streckt sich, bis es jenem Zeichen ähnelt, das du dort siehst!« Und er deutete am Ende einer anderen Zeile auf einen geraden Strich, der sich senkrecht hielt und wie das Fragezeichen über einem Punkt zu schweben schien. »Das ist ein Ausrufezeichen. Es wird geboren, wenn man eine Antwort auf die Fragen des Fragezei-

chens gefunden hat. Zwischen diesen beiden Zeichen vollzieht sich das ganze menschliche Leben. Man fragt – und man antwortet. Doch nicht immer läßt sich Antwort finden, nicht immer. Wie selten gelingt es, ein Fragezeichen zu begradigen ... Aber was erzähle ich dir das? Du wirst es später noch früh genug erfahren.«

Mich beeindruckten Vaters Erklärungen sehr, wenngleich ich die letzten Sätze wirklich kaum verstanden hatte. Doch jetzt, wo ich schon ein Leben unter dem Zeichen dieser beiden Zeichen hinter mir habe, begreife ich sehr gut, was er meinte. Aber kehren wir noch einmal zu dem zurück, was weiter geschah.

Nach dem Gespräch mit meinem Vater begann ich, überall nach den schmerzhaft verkrümmten Fragezeichen zu suchen, einzig und allein, um sie begradigen und in aufrechte Ausrufezeichen verwandeln zu können. In meiner Kindheit gelang mir das auch. Denn da sprangen die Erwachsenen bei und glichen mir aus, was verwickelt und krumm schien. Aber in den späteren Jahren, als ich meine Welt allein bestehen mußte, umstellten mich mehr und mehr Fragezeichen, und immer seltener kamen mir die Ausrufezeichen zu Hilfe. Rührte das daher, daß den Fragezeichen das krumme Rückgrat zum Buckel verknöcherte, waren sie halsstarriger geworden? Oder lag es daran, daß meine Hände mit der Zeit immer schwächer wurden? Wie dem auch sei. Und obwohl die Fragen nun immer häufiger ohne Antwort bleiben und die geheimnisvollen, unausgeglichenen Fragezeichen mich immer öfter bittend und vorwurfsvoll anschauen, drängt es mich in die Nähe ihrer Krümmungen. Und oft wünsche ich mir gar nicht, sie ausgeglichen, geglättet und stocksteif begradigt zu sehn. Sind es nicht gerade die verkrümmten, in keinen Ausruf mündenden und dennoch anmutigen Fragezeichen, denen das Leben auf dieser Erde Schönheit, Antrieb und Freude verdankt?

■ Brosamen für eine Taube ■

Auf einer Bank im Garten lese ich in einer erst kürzlich erworbenen »Geschichte der antiken Philosophie«. Und als ich die ermüdeten Augen hebe und mich umschaue, sehe ich, wie sich zu meinen Füßen eine Taube zu schaffen macht. Sie dreht sich herum, guckt mich an mit unschuldigen Augen, blinzelt mitleidvoll und wartet, den Kopf anmutig zur Seite geneigt, auf irgend etwas.
»Ich weiß, mein Täubchen, worauf du wartest ...«, sage ich und beuge mich zu ihr hinunter. »Du bist gewohnt, daß man dir Brosamen zuwirft. Aber bei mir bist du an der falschen Adresse. Ich hab nichts. Ich kann dir nur mit einem Postulat von Plato dienen, einer sokratischen Sentenz, einer Erwägung vom Empedokles ... Nun, Täubchen, wie steht's?«
Die Taube hat mir aufmerksam zugehört, ohne allerdings allzu großes Interesse an Plato oder Sokrates zu bekunden. Ich merke es an ihrem Blick voller Verachtung, wenngleich sie mich immer noch zögernd mustert, als überlegte sie: Vielleicht doch? Aber endlich begreift sie das Unabänderliche meines Entschlusses, sie statt mit wirklicher Nahrung mit Philosophie abzuspeisen. Und sie rückt fort von mir. Ihre Flügel spreizen sich erzürnt, und um ihr Gurren zu verstehen, braucht's nicht erst Schlojme Hamelechs* Kenntnis der Vogelsprache:
»Treiben sich da herum, diese Unglücksraben! ... Mit ausgedachten Philosophien! ... Wo gibt's denn so was? ... Brosamen brauch ich, nichts weiter!«
Mit unsicheren Trippelschritten entfernt sie sich und gelangt zu einer anderen Bank. Da sitzt eine Frau mit bepacktem Korb. Dort, weiß mein Täubchen, be-

kommt man wirklich etwas zu naschen. Und es irrt sich nicht. Die Frau teilt mit vollen Händen Brosamen aus.

Ich schaue zu, wie begierig mein Täubchen die Brosamen aufliest, es hat keinen Blick mehr für mich, so als hätte es mich nie gegeben. Und mir scheint, mit jedem hungrigen Schnabelhieb drückt es seine Verachtung für mich aus:

»So ein Pechvogel. Die reine Philosophie! Wo gibt's denn so was?!«

Und ich überlege, wie oft ich das in meinem Leben schon sah und hörte. Und nicht nur von Tauben.

■ Zwischen Ja und Nein ■

Ich durchstreifte mit meinem Enkel die entlegenen Gassen der Vorstadt, als wir auf einmal das romantisch berührende Getrappel von Hufen vernahmen. Und wenig später sahen wir, wie ein Pferdefuhrwerk über die Brücke zog. Der Enkel, ganz ein Kind der Großstadt, wurde nicht müde, die Pferde zu bestaunen. Ich wußte erst nicht, was ihn so lange beeindruckte, bis er mich plötzlich laut und ungestüm fragte: Großvater, warum nicken die Pferde dauernd mit ihren Köpfen, so als würden sie immerzu »Ja, ja« und »Ja, ja« sagen?
Auch eine Frage! Ich suchte angestrengt nach einer Antwort, bemüht, ihm die Sache irgendwie zu erklären. Doch ehe ich wußte wie, kam mir ein Passant zu Hilfe, der die merkwürdige Frage des Jungen gehört hatte. Lächelnd sagte er:
Ich sehe, du bist einer von der pfiffigen Sorte, die auf alles eine Antwort sucht! Solche Wißbegierigen wie dich mag ich. Und wenn dein Großvater gestattet, können wir uns vielleicht auf jene Bank setzen, und ich werde dir erzählen, was man mir erzählte, als ich so jung war wie du und genau dasselbe wissen wollte. Vielleicht wird es auch den Großvater interessieren …
Wir gingen zur Bank, setzten uns, und mein Enkel heftete seine Blicke gespannt an die Lippen des Fremden.
Das war, begann der Mann, in den frühesten Zeiten. Kurz nach Erschaffung der Welt. Damals gingen die Pferde und Ochsen, die wir nur als Vierfüßler kennen, noch auf zwei Beinen. Ganz wie Menschen. Sie spazierten in der Welt herum und fraßen und grasten,

wo immer sie auf eine grüne Wiese trafen. Sorglos und ohne etwas anderes zu tun, schlugen sie sich die Bäuche voll. Bis eines Tages alles abgegrast und keine frische Wiese mehr zu finden war. Hungrig irrten sie umher. Und mitten in ihrem größten Hunger stießen sie eines Tages hinter einem Wald auf ein blühendes Feld. Ausgehungert warfen sie sich ins saftige, duftende Grün und fraßen und fraßen ...
Und da haben sie angefangen, mit den Köpfen zu nikken? unterbrach mein Enkel.
Du bist ein heller Kopf! sagte der Mann und strich dem Jungen geduldig übers Haar. Aber höre weiter, was dann geschah. Denn die Wiese, auf der es sich unsere ausgehungerten zweibeinigen Freunde so gut und lange schmecken ließen, gehörte einem der ersten Menschen, von denen du ja weißt, daß sie ihr Leben durch Ackerbau bestritten. Als dieser Mensch nun sah, wie ihm die unnützen Fresser sein mühselig dem Urwald abgerungenes Stück Land ruinierten, griff er zum Knüppel und versuchte, die Eindringlinge zu vertreiben. Aber es hat sie um die Welt nicht gekümmert! Sie blieben weiter auf allen Vieren im Gras. Und während der Mensch auf sie einschlug, nickten sie bloß mit den Köpfen und fraßen genüßlich weiter. Als der Mensch sah, daß er mit solcher Gewalt nichts auszurichten vermochte, geriet er in ohnmächtigen Zorn und stieß einen Fluch aus: Verwünscht sollt ihr sein! Und ständig auf allen Vieren gehen wie jetzt! Ihr und alle Generationen nach euch! Und allezeit sollt ihr nur mit dem Kopf nicken und ja sagen zu allen Prügeln, die auf euch niedergehen ...
Seit damals, schloß der unbekannte Erzähler, halten sich die Pferde, die Ochsen und überhaupt jedes Rindvieh auf allen Vieren. Und zu allem, was sie trifft, nicken sie unentwegt ja und amen. Hauptsache: sie haben zu fressen ...
Der Fremde erhob sich zum Weggehen und sagte,

diesmal an mich gewandt: Eines Tages wird Ihr Enkel begreifen, was ihm jetzt in seiner kindlichen Unschuld noch verborgen ist. Daß die Rindviecher nämlich ausnahmslos ihre Köpfe in vertikaler Richtung bewegen. Lediglich der Mensch bewegt seinen Kopf auch in der Horizontalen, was bedeutet, daß er nein zu sagen versteht. Und dank dieser ewigen horizontalen Bewegung des menschlichen Kopfes, die seinen Widerspruch ausdrückt, kommt es zu neuen Wahrheiten, neuen Entdeckungen, neuen Lebensformen …
Aber Sie werden doch nicht leugnen, versuchte ich zu widersprechen, daß ein bloßes Nein kaum hinlangt, denn um etwas Neues zu schaffen und zu erreichen, braucht es doch auch die Kraft des Ja …
Gewiß ist die Kraft des Ja vonnöten, sagte der Fremde, vonnöten und unverzichtbar. Aber diese Art von Bejahung hat nie und nimmer etwas mit dem Nikken der vierfüßigen Kreatur gemein. Das Ja, von dem wir beide sprechen, wird aus dem energischen Nein des Menschen geboren. Zwischen diesem Ja und diesem Nein tobt ein ewig belebender Kampf. Und daß im Blick auf die gesamte Menschheitsgeschichte bis jetzt letztlich das Ja den Sieg davontrug, unterstreicht eben auch die Notwendigkeit der Verneinung.

Am Schalter der AEROFLOT hängt eine tabellarische Übersicht. Unter anderem gibt sie Auskunft über die Dauer der Flugzeiten von unserer Stadt zu einer Menge anderer mehr oder minder weit entfernter Städte und Punkte.
Neben mir murmelt jemand vor sich hin: In soundsoviel Stunden ist man also in XYZ. Die Wege werden auch immer kürzer …
Plötzlich dreht er sich zu mir um. Glauben Sie mir, sagt er, demnächst hängen hier neue Plakate!
Was für welche? frage ich.
Beispielsweise solche, sagt er, auf denen zu lesen sein wird: »Erde – Mond: eine Nacht und etliche Stunden; Erde – Mars: soundsoviele Tage, 10 Stunden und 15 Minuten …« Glauben Sie mir, bei dem heutigen Tempo muß man täglich darauf gefaßt sein. Bloß eine Entfernung läßt sich immer noch nicht verkürzen. Sie bleibt unerträglich lang …
Und die wäre? frage ich.
Ich werde nicht ruhen, sagt er, als hätte er meine Frage überhört, bis ich eines schönen Morgens zu lesen bekomme, daß auch diese Distanz in kürzerer Zeit zu nehmen ist!
Nun sagen Sie schon, werde ich ungeduldig, von welcher Entfernung Sie reden?
Von welcher Entfernung? Er sieht mich bekümmert und mitleidvoll an. Ich rede von der Entfernung zwischen Mensch und Mensch, der weitesten aller denkbaren Distanzen …
Der weitesten? unterbreche ich ihn. Sie irren! Sie haben nur solange recht, wie Sie weiter darauf warten, von irgendwem irgendwann eines schönen Tages

die Aufhebung der Distanz plakatiert zu bekommen …
Machen Sie's kurz! sagt er.
Nein, sage ich. Machen Sie's kurz: Zünden Sie die Triebwerke Ihres Herzens, bringen Sie es auf Touren, fassen Sie Mut, sich vom grauen Asphalt der Startbahn zu lösen und nehmen Sie unverzagt Kurs auf Ihren Kurs …

■ Schehechjonu ■

Eines milden Sommerabends, an dem wir Kinder noch im Hof spielten, drängte sich plötzlich ein schrecklich großer Korb aus dem Hausflur zu uns ins Freie. Wir starrten auf das wie von selbst näherschwankende rätselhafte Behältnis, ehe wir jene kleine Jüdin bemerkten, die es mit dünnen Armen flink und geschickt vor sich her bugsierte, wiewohl der Korb größer zu sein schien als sie selbst. Kaum hatte sie für ihn im Hof einen Platz gefunden, begann sie auch schon auszurufen:

»Früchte! Backwerk! Näschereien!
Kinder, kommt und langt hinein!
Holt Euch von den Eltern Geld,
ich verkauf', was Euch gefällt ...«

Sie war mit ihren Versen noch nicht zu Ende, da stürmten wir bereits davon, jeder in seine Wohnung, um von Mutter oder Vater etwas Geld zu erbetteln: »Mama, im Hof gibt's wunderbare Sachen ... Papa, bitte, kauf!«

In den Wohnungen der ärmeren Leute – und das waren fast alle – erhob sich nun das Problem, ob man den Leichtsinn tatsächlich auf die Spitze treiben und Geld für Näschereien hinauswerfen sollte. Schließlich obsiegte die elterliche Lust, seinen Kindern ein Vergnügen zu bereiten. Die letzten Groschen wurden zusammengekratzt, um sowohl dem Verlangen der Kinder als auch den Erwartungen der Jüdin im Hof mit ihrem riesigen Korb wohlfeiler Sachen Genüge zu tun.

Auch mein Vater konnte den Wünschen seines Einzigen nicht widerstehen. Er ging mit mir hinunter, inspizierte den Korb und wählte um den Preis einer

ganzen Kopeke etwas Außergewöhnliches für mich aus: eine sanfte und runde, nahezu golden schimmernde Frucht.
»Siehst du«, hat er bedeutungsvoll gesagt, »da habe ich dir etwas gekauft, was du dein Leben lang noch nicht gegessen hast: einen Pfirsich!«
Einen Pfirsich? Nie hatte ich dergleichen je zuvor gesehen, geschweige denn gegessen. Voll ungeduldigen Verlangens griff ich nach der Frucht, streichelte ihre samtene Haut, ein Gefühl, bei dem das Herz fast vergehen wollte, und schickte mich schon an, sie mit zitternden Fingern zum Munde zu führen, als Vater Einhalt gebot.
»Du ißt diese Frucht doch zum ersten Mal«, sagte er sehr ernst, »da mußt du zuvor ein Schehechjonu machen!«
»Was sagst du? Ein Schechesche ... ein Chescheche ...«, versuchte ich unter Herzklopfen das schwierige Wort zu wiederholen, schon fürchtend, daß alle Vorfreude umsonst gewesen sei. »Was ist denn das, ein ›Schechesche ...‹?«
»Das ist ein Dank an den Höchsten. Ein Dank dafür, daß er uns etwas Neues erleben ließ, noch erleben ließ zu unserer Zeit ... Wenn du mir das Schehechjonu Wort für Wort nachsprichst, wirst du deinen Pfirsich genießen können.«
Mir fiel ein Stein vom Herzen. Nachsprechen? Eine Kleinigkeit für einen jüdischen Jungen, der es schließlich von früh an gewohnt ist, sich die schwierigsten Gebete und Bibeltexte einzuprägen. Und ich begann, zappelnd vor Ungeduld und Verlangen, die mir unverständlichen Wörter nachzusprechen. Ich verdrehte und verkrüppelte sie, verhaspelte mich nach Strich und Faden, aber zu guter Letzt biß ich in die wunderbare Frucht. Ihre erquickenden Säfte durchrieselten meine Glieder und zauberten den Geschmack jener paradiesischen Speisen auf meine Zunge, von denen die Mutter immer erzählte.

Als Vater sah, wie sehr ich den Pfirsich genossen hatte und ihm nachschmeckte, lächelte er und sagte: »Daß es dir so gut bekommen ist, verdankt sich deinem Dank an den Allmächtigen, daß er dich erleben ließ, wie eine Frucht schmeckt, die du bis heute noch gar nicht gekannt hast ...«

»Daß er mich erleben ließ ...?« fragte ich verwundert. »Könnte es denn sein, daß ich's nicht erlebt hätte? Und was heißt überhaupt ›erleben‹?«

»Es wird eine Zeit kommen«, hat der Vater ruhig geantwortet, »in der du es verstehen wirst ...«

Ja, die Zeit ist gekommen, und jetzt verstehe ich schon sehr gut, was ›Erleben‹ heißt und warum es des Dankens wert ist. Ich bin bereits in jenem Alter, in dem sich der Blick auf jedes in Bau befindliche Gebäude zwanghaft mit der Überlegung verbindet, ob ich seine Vollendung noch erleben werde. Und ist es mir beschert, nach einer Weile tatsächlich das von aller Rüstung befreite, fertiggestellte Haus zu sehen, spreche ich in meinem Herzen jenes Schehechjonu, das mich der Vater einst gelehrt hat. Und wie damals, als mich die Säfte des Pfirsichs betörten, strömt auch jetzt, im Alter, belebend die Freude durch meine Glieder. Eine Art von Freude am Leben, die sich mir immer mehr und immer genauer als Erlebensfreude entdeckt.

■ Relativität ■

Eines Nachts geriet ich in die Verlegenheit, durch eine dunkle Gasse der Altstadt zu gehen. Ich fürchtete mich und witterte überall Gefahr. Meine größten Ängste ließen erst nach, als ich in eine Gasse einbog, in der sich das Licht einer elektrischen Hauslaterne verströmte. Freudig begrüßte ich ihren Schein. In seiner warmen Helle verlor sich die schreckliche Unbestimmtheit meines Weges.
Irgend etwas, ich weiß nicht mehr was, zwang mich, wenige Stunden später den gleichen Weg in umgekehrter Richtung zurückzulegen. Die Morgensonne erleuchtete den Weg. Und als ich wieder durch jene Gasse kam, wo mir Stunden zuvor Erleichterung zuteil geworden war, sah ich, daß die Lampe immer noch brannte. Aber wie spärlich nahm sich ihr Licht jetzt aus! Blaß und unscheinbar glomm vor sich hin, was mir nächtens gestrahlt hatte.
In der Helle des eben erst aufkommenden Tages erlosch mein Gedächtnis. Nur dunkel erinnerte ich mich noch jenes Lichts, das mir im Finstern geleuchtet hatte …

■ Der unterbrochene Kontakt ■

Mitten in der Fahrt überfiel den überfüllten Trolleybus plötzlich ein Zittern. Und gleich danach ist er unbeholfen stehengeblieben. Die Führungsstange des Stromabnehmers hatte sich mit kühnem Sprunge selbständig gemacht und den Kontakt zur Oberleitung verloren. Der Fahrer kletterte aus seiner Kabine. Und während er der Havarie zu Leibe rückte, rief einer von den eingezwängten Passagieren:
»Gerade dann, wenn ohnehin schon keine Zeit ist, gibt es eine Störung!«
»Nicht so ungeduldig«, versuchte ein zweiter zu beruhigen, »die Unterbrechung wird sich doch in einer Minute beheben lassen, das ist doch nicht wie bei uns, wenn wir den Kontakt verlieren ...«
»Sie irren sich«, mischte sich von weiter hinten eine dritte Stimme ins Gespräch, »bei uns Menschen kann das viel rascher gehen. Da braucht's doch nur auf einer Seite die Berührung zweier Empfindungen, wenn sich das Gefühl erlittenen Unrechts mit dem Verlangen trifft, der anderen Seite zu vergeben, sich also in einem selbst das Negative mit dem Positiven kurzschließt ...«
In diesem Moment geriet der Bus erneut unter Spannung. Dem Fahrer war es nach etlichen Mühen gelungen, die Führungsstange des Stromabnehmers wieder mit der Oberleitung in Fühlung zu bringen. Ein Funken schlug dabei heraus, und der Bus zitterte freudig auf und setzte alsdann seine Fahrt fort. Die erleichterten Passagiere hatten die technische Panne bald vergessen. Ihre Gedanken umkreisten vielmehr das kurze Gespräch, denn wer von uns kennt nicht das Leid einer abrupt eingestellten Verbindung?

■ Dressierte Elefanten ■

Ich saß mit dem Enkel im Zirkus. Und beide kamen wir aus dem Staunen nicht heraus. Jeder staunte auf seine Weise. Den Jungen begeisterten die Kunststücke der Akrobaten, Äquilibristen, Jongleure und Illusionisten. Mich hingegen beeindruckten weniger die Darbietungen als vielmehr die Darbietenden: Menschen, die ihre ihnen von der Natur gezogenen Grenzen fortwährend und wie mühelos überschritten. Wenngleich sich der Großvater zurückhielt und nicht ständig aufsprang, funkelten seine Augen doch nicht weniger begeistert als die seines Enkels.
So verging der erste Teil des Programms, in dem Menschen wahre Wunder an Geschicklichkeit vollbrachten. Der zweite Teil überraschte mit dressierten Elefanten. Sie tanzten im Takte der Musik, wiegten sich auf einer Wippe, balancierten auf den Hinterbeinen und vollführten noch eine Menge anderer Dinge, die ihrer Schwerfälligkeit überhaupt nicht auf den massig grauen Leib geschrieben waren.
Versteht sich, daß sich das alles höchst kurios ausnahm. Und ich war jeden Augenblick darauf gefaßt, daß mein Enkel wieder vor Begeisterung aufspringen und mich in die Seite knuffen würde. Aber nichts geschah. Er saß wie angegossen auf seinem Sitz. Und als ich zu ihm hinsah, standen Tränen in seinen Augen. Ich beugte mich erschrocken zu ihm hinunter und fragte: »Was ist denn mit dir? Du weinst ja. Tut dir irgend etwas weh?«
»Nein, Großvater, mir tut gar nichts weh«, sagte er leise. Und schluchzend fügte er hinzu: »Ich hab bloß Mitleid mit den armen Elefanten, sie tun mir so furchtbar leid ...«

»Mitleid?« staunte ich, »Warum denn das?«
»Ja, Großvater«, beharrte er, »sie tun mir leid. Denk doch nur: Solche großen, schweren Tiere, mit Füßen wie Eichenstämmen ... Die Erde zittert vor ihren Tritten! Und dann müssen sie plötzlich tanzen wie die Menschen und sich so unnatürlich auf die Hinterbeine stellen ... Das soll einem nicht leid tun?«
Ich wischte ihm mit dem Taschentuch die Tränen ab und beruhigte ihn: »Nicht weinen, Junge. Du mußt das mit Freuden sehen!«
»Mit Freuden?« hat er mich verwundert gefragt ...
»Ja, mit Freuden. Man muß sich freuen, wenn man sieht, wie jemand über das hinauskommt, was ihm von der Natur mitgegeben wurde.« Und völlig vergessend, daß neben mir fast noch ein Kind sitzt, habe ich ergänzt: »Es führt zu nichts, wenn man an dem Ort verharrt, den Natur und Naturell einem bestimmt haben. Erst im Überwinden und Übersteigen der eigenen Möglichkeiten bietet sich eine Möglichkeit.«

■ Sünde ■

An jenem Tag – aus irgendeinem Grunde war ich vom Cheder* befreit – besuchte ich die Großeltern in ihrer bescheidenen, aber gemütlichen Wohnung, in der ich mich äußerst heimisch fühlte. Um so mehr, als mich die Großmutter ständig mit leckeren Sachen verwöhnte und der Großvater nie müde wurde, mir die herrlichsten Legenden und Gleichnisse aus der Gemara und den Midraschim zu erzählen.

Auch diesmal setzte ich mich erwartungs- und würdevoll an den Tisch, wo ich neugierig zusah, wie der Großvater, in die Gemara vertieft, seinen Kopf hin und her wiegte. Und mit Vergnügen hörte ich, wie er leise und melodisch die gelehrten Texte intonierte. Doch allmählich wuchs mein Verlangen nach einer seiner wunderbaren Geschichten.

Da kam die Großmutter herein. Sie hatte dem Gast zu Ehren in der Küche ein Mittagessen bereitet und rief nun fröhlich: Großvater! Enkel! Geht, wascht euch die Hände! Ich verspürte starke Lust, sofort vom Tische aufzuspringen, doch solange der Großvater sich nicht erhob, hatte ich manierlicherweise sitzen zu bleiben. Ob dem Großvater nun Großmutters Aufforderung entgangen war oder ob er sie überhören wollte – er saß wie angegossen und ließ sich nicht im mindesten in seinem Studium unterbrechen. Und nachdem Großmutter ihre Einladung wiederholt und Großvater abermals nicht reagiert hatte, schritt sie entschlossen zur Tat und stellte die Teller geräuschvoll auf den Tisch.

Da riß es den Großvater aus seiner Versunkenheit. Und mit einem vielsagenden Seitenblick auf sein tüchtiges Weib hat er unzufrieden gemurmelt:

Essen ... essen ... immer bloß dem Drängen des sündigen Leibs nachgeben ...
Unendlich langsam hat er seine Brille von der Nase genommen und ihre Gläser mit dem ständig griffbereiten roten Taschentuch geputzt. Dann hat er sich in den Bart gegriffen, ein langes Haar erfaßt, es ausgezupft und mit einem leisen Seufzer zwischen die Seiten der Gemara gelegt. Dann hat er sie zugeschlagen.
Da ich wußte, daß Großvater kaum etwas tat, was nicht seinen tiefen Sinn hatte, fragte ich:
Was bedeutet das? Hat es dir nicht weh getan?
Es sollte weh tun, hat der Großvater verschämt geantwortet. Zur Strafe dafür, daß ich mich im Lernen unterbrechen ließ und dem bösen Trieb nachgegeben habe ... Steht nicht klar und deutlich geschrieben: »Wehogisso bau jaumom wolajlo – Vertiefe dich Tag und Nacht ins Buch des Gesetzes«? Mein Verstoß gegen dieses Gebot wäre mir in jener Welt als Sünde angerechnet worden, nun aber hoffe ich, mich mit meinem Schmerz von ihr losgekauft zu haben ...
Mit diesem ausgerissenen Haar, fragte ich verblüfft, hast du dich von deiner Sünde freigekauft, so daß sie dir nach hundertzwanzig Jahren nicht mehr angerechnet werden wird?
Ja, mein Junge, so ist das, hat der Großvater nachdenklich gesagt. Was man in dieser Welt leidet, bleibt einem in jener Welt erspart. Was dich hier schmerzt, löst dich dort aus ...
Wirklich, Großvater? rief ich erfreut. So kann man also für alle Sünden Vergebung erlangen?
Der Großvater schüttelte traurig den Kopf. Nein, mein Junge, nicht für alle. Es gibt zwei Arten von Sünde. Die eine Art ist die Sünde wider den Allmächtigen – »bejn odom lamokaum«. Sie kann in dieser Weise vergeben werden. Die andere aber, die Sünde wider den Menschen – »bejn odom lachawerau«, bedarf zuvor der Vergebung dessen, an dem sie begangen wurde.

■ Ein friedliches Zusammenleben ■

Mich drängt's, ein Loblied zu singen. Ein Loblied auf den zoologischen Garten – genauer: aufs zoologische Gärtlein – meines Freundes, das er sich in seinem geräumigen Heim eingerichtet hat. Er ist ein Liebhaber all dessen, was auf Erden und unter dem Himmel fleucht und kreucht. Oft, wenn ich müde und erschöpft bin, fahre ich zu ihm hinaus. Inmitten des häuslichen Friedens, der dort zwischen Geschöpfen herrscht, die sich nahezu in allem – Instinkt, Temperament, Lebensart, – voneinander unterscheiden, sammle ich neue Kräfte. Mit einiger Verwunderung sehe ich, wie der Angorakater liebevoll das Gefieder des Kanarienvogels leckt, wie die Bulldogge mit einem verliebten Seitenblick die Trippelschritte der Leghornhenne begleitet, wie der aufgeblasene Truthahn mit seinem Schnabel zärtlich das Fell des zitternden Kaninchens durchkämmt …

»Wie hast du das geschafft?« frage ich meinen Freund.

»Ohne fromme Sprüche und faule Zauberei«, sagt er, »bloß mit Geduld und Arbeit. Der Angorakater zum Beispiel hat mehr als einen Kanarienvogel gefressen. Die Idylle, die du jetzt bewunderst, hat im guten wie im bösen viel gekostet. Ehe die Geschöpfe ihre eingeborene Art überwanden und zum friedlichen Miteinander taugten, ist viel Wasser die Mühlen hinabgeflossen. Ja, mein Lieber«, setzt er ernst hinzu, »gegen die Grausamkeit der Geschöpfe kommst du nicht so leicht an. Man muß kämpfen, unentwegt und überall kämpfen und sich überdies noch etwas einfallen lassen. Wenn du nicht aufgibst, klappt's irgendwann, und die jüngeren Brüder verbrüdern sich mit den älteren. Wenn du nicht aufgibst …«

■ Offene Karten ■

Wir sitzen selbdritt – meine Frau, unser Enkel und ich – und spielen das gute alte Lotto. Genauer gesagt: Wir bemühen uns, es dem Enkelsohn nahe- und beizubringen. Vor jedem von uns liegen drei Karten, jede in siebenundzwanzig Quadrate unterteilt, von denen fünfzehn mit Zahlen von eins bis neunzig numeriert sind. Aus einem Beutel ziehe ich gleichfalls numerierte Täfelchen von der Größe der Kartenquadrate und rufe die aufgedruckten Zahlen aus. Wer sie auf einer seiner Karten erspäht, meldet sich, bekommt das Täfelchen zugeteilt und verdeckt damit das entsprechende Quadrat. Wer als erster alle Zahlen auf einer seiner Karten restlos verdeckt hat, gewinnt.
Das Spiel ist im Gange. Ich ziehe und rufe, wir melden uns, nehmen und legen. Das heißt: Nur meine Frau und ich bedecken mit den Täfelchen allmählich die Karten. Der Junge legt die erhaltenen Tafeln sorgsam beiseite.
Warum legst du sie nicht auf deine Karten? frage ich ihn. Du kennst doch schon die Zahlen von eins bis hundert. Und was du tun mußt, um zu gewinnen, weißt du doch auch: die Zahlen auf den Karten so rasch wie möglich verdecken!
Nachdenklich hebt er seinen Kopf. Aus großen und vorwurfsvollen Augen sieht er mich an:
Wie oft, sagt er, wie oft, Großvater, habe ich gerade von dir gehört, daß man mit offenen Karten spielen soll? Und nun sagst du das ganze Gegenteil ... Du lügst, Großvater!
Ich sehe mich in die Enge getrieben von diesem kleinen Spitzbuben und schaue zu meiner Frau hinüber. Wie hilft man sich aus dieser Verlegenheit? Als ich ge-

rade beginnen will, unserem Enkel den Unterschied zwischen Spiel und Leben mehr oder minder umständlich zu erläutern, höre ich, wie er mit kindlicher Hartnäckigkeit verkündet:
Ich werde immer nur mit offenen Karten spielen! Wirklich! Niemals werde ich sie verdecken!
Und das ganze restliche Spiel über bleibt er seinem Entschluß tapfer treu. Er präsentiert seine Karten unverdeckt. Gewonnen hat er wirklich nicht. Gerade deshalb teilen wir ihm zweistimmig den Hauptpreis zu: eine Tafel Schokolade.
Wann, wenn nicht jetzt, und durch wen anders, als durch uns, wird ihm sonst das Schwerbegreifliche begreifbar werden: Mit offenen Karten zu verlieren lohnt sich mehr, als mit verdeckten Karten zu gewinnen.

Das Laufrad dreht sich immer schneller, kaum, daß das Auge hinter dem Grauschleier der rotierenden Speichen jenes kleine, rotbraune Geschöpf wahrnimmt, das sich hektisch bemüht, immer geschwinder Schwelle um Schwelle unter seine flinken Füße zu bringen – allein, um seine Position über ein und demselben Flecken zu behaupten.
Kinder und Erwachsene schauen da zu, sperren Mund und Nase auf angesichts des temperamentvollen Eichhörnchens, das immer vehementer – sollte man es wirklich laufen nennen? – auf der Stelle tritt.
Ein Junge ruft verblüfft: »Sieh nur, Vater! Wie komisch! Das Eichhörnchen dreht und dreht das Rad, selber aber kommt es nicht von der Stelle ... Warum ist das bloß so?«
»Das«, sagt der Vater, »ist nun mal so. Ohne Warum und Weshalb. Wer die Tretmühle, welche auch immer, demonstrativ in Schwung halten will, bezahlt mit seinem Bleiben vor Ort.«

■ Brücken ■

– Scholem alejchem! Wie geht's?
– Guten Tag! Was macht die Kunst?
– Schon lange nicht mehr gesehen. Hört sich was Neues?

Floskeln wie diese bevölkern die Straßen der Städte. Begegne ich unterwegs einem Bekannten, kann ich in neunzig von hundert Fällen sicher sein, derart von ihm begrüßt und gefragt zu werden. Doch im ersten Moment will es mir immer wieder scheinen, als bekundete der Fragesteller wirkliches Interesse an mir und meinem Leben. Kaum aber setze ich zur Antwort an, streift mich sein zerstreuter Blick, und ich begreife, daß ihn meine Gefühle und Überlegungen sowenig kümmern wie der Schnee vom letzten Jahr. Sein Fragen diktiert ein Automatismus, dem auch ich mich unterwerfe, indem ich meine Antwort unterdrücke und statt dessen entgegne: »Danke ... Es geht ... Ganz passabel ...«

Nach solch oberflächlichen Begegnungen erfaßt mich jedesmal gelinde Verzweiflung. Wieviel Gleichgültigkeit herrscht doch unter den Menschen, denke ich. Sie stellen nichtsfragende Fragen und überlegen keinen Augenblick, wieviel Wärme und Freude ins Leben zu bringen wären, wenn wirkliches Interesse die Fragen deckte ... Jede dieser Fragen könnte eine Brücke schlagen. Von Herz zu Herz.

Nichts dagegen zu sagen – die Überlegungen sind richtig. Bis auf einen springenden Punkt, den ich übersehen habe. Ich selbst nämlich mache es im Grunde nicht anders als alle anderen auch. Wie oft bekomme ich auf meine floskelhafte Nachfrage das gleiche »Danke, es geht ...« zu hören; wie häufig spüre ich, daß sich der andere dieser leeren Begrüßung durch schnellen Abschied zu entziehen sucht und für sich überlegt, wieviel Wärme und Freundlichkeit in die Welt zu bringen wären, wenn …

Ja, vermutlich denkt jeder einzelne von uns wirklich haargenau das gleiche. Zumindest im Blick auf die anderen. Darin liegt der ganze Kummer. Um ihn zu beheben, braucht es den Blick nach innen und die nach außen gebrachte Erkenntnis, daß ich, vor allem ich, für Wärme und Freundlichkeit zwischen den Menschen zu sorgen habe. Das ist mehr als die Hälfte der Brücke.

Aufmerksamkeit ist das natürliche Gebet der Seele.

Nicolas Malebranche (1638–1715)

Die Geschichte vom Zustandekommen dieses zweiten Rasumny-Buches in deutscher Übertragung könnte von Rasumny selbst sein, so schön und stimmig läßt sie sich heute erzählen. Sie ist eine Geschichte der durch Engagement und Neugier produzierten Zufälle, eine Geschichte der Aufmerksamkeit und des gehörigen Selbst- und Gottvertrauens, eine Geschichte vom seltsam erfolgreichen Zusammenwirken vieler Einzelmenschen.

Befeuert vom Beispiel meiner verehrten Kollegin Jutta Janke, hatte ich 1974 begonnen, mich mit dem Jiddischen zu beschäftigen. Als erstes Ergebnis meines Bemühens begriff ich bald, daß es – gegen allen anderen Anschein – kein bloßer Totenacker war, auf den ich mich da vorgewagt hatte. Wiewohl über zahllose Gräber und Massengräber stolpernd, hörte und las ich doch auch, daß an nahezu allen Enden der Welt fort- und weiterlebte, was – insonderheit nach den »Endlösungs«-Plänen der deutschen Faschisten – in Gesamtheit zum Tode verurteilt gewesen war. Daß dieses Fort- und Weiterleben in fast allen Fällen ein Überleben zur Voraussetzung hatte, stigmatisiert war von den Erfahrungen höllischer Martern, weitete mein Verständnis zum Verstehen. Vor allem erlöste es mein nachgeborenes Entsetzen vor den Barbareien Nazi-Deutschlands aus der trauernden Hilflosigkeit, es gab mir zu denken: in der kleinen Münze der Hoffnung. Wenn irgend möglich, wollte ich im Einzelfall retten und bewahren helfen, was der beschlossenen Vernichtung entgangen war. Aber noch kannte ich wenig und so gut wie niemanden.

Da spielte Erich Arendt (1903–1984), einer der großen deutschsprachigen Dichter unseres Jahrhunderts, einmal mehr die Rolle des vermittelnden Engels. Anfang der siebziger Jahre hatte er, während eines Urlaubs an der lettischen Ostseeküste, auch die Bekanntschaft des jiddischen Dichters Mark Rasumny gemacht. Brief- und Kartengrüße gingen in deutsch hin und her. Rasumny beglückwünschte Arendt und seine Gefährtin zu allen nur mög-

lichen Gedenk- und Feiertagen. Irgendwann setzte ich unter einen Arendtschen Erwiderungsgruß meine ersten ungelenken Zeilen in der hebräischen Schreibschrift. Was zur Folge hatte, daß ich zwei oder drei Wochen später vor einem an mich adressierten Brief von Rasumny saß. Seine Entzifferung beschäftigte mich tage- und nächtelang. Es war die erste verbindliche Lektion in Jiddisch, die ich erhielt. Da der Briefschreiber aufs selbstverständlichste vorauszusetzen schien, daß ich kenntnisreich wäre und meine Beschäftigung mit dem Jiddischen mehr als eine zeitweilige Marotte, sah ich mich in die Pflicht genommen. Ich schrieb zurück, denkbar stümperhaft, doch herzlich bemüht. Rasumny antwortete sogleich und mit derart erlesenen Komplimenten, als hätte ihm Scholem Alejchem oder sonst ein Großer der jiddischen Klassik geschrieben. Da faßte ich Mut.
Hubert Faensen, der damalige Leiter des Union Verlages, dem ich die Herausgabe meiner ersten Bücher verdanke, vertraute mir auf eine honorige Weise. Erkühnt durch sein Wohlwollen, erzählte ich ihm von Rasumny und bot mich an, dessen 1975 im Moskauer Schriftstellerverlag jiddisch erschienene Novellettensammlung »Brajter di trit!« für Union herauszugeben und zu übersetzen. Faensen baute auf meinen Enthusiasmus und band mich vertraglich an mein Wort.
1979 erschien zum erstenmal Mark Rasumnys Tag-und-Nacht-Buch »Auch im Herbst blühen die Bäume«. Seine buchkünstlerische Gestaltung hatte Arendts Gefährtin, Hannelore Teutsch, besorgt. Und das Rasumny-Foto auf der hinteren Klappe steuerte der bis auf den heutigen Tag wunderbar aufmerkende Heinz Knobloch bei. Ich hatte ihm von Rasumny als einem ihm in manchem vergleichbaren Kollegen erzählt, und Knobloch nutzte die Gelegenheit eines Riga-Besuches zur herzlich intensiven Begegnung. In seiner millionenfach gelesenen »Wochenpost«-Kolumne machte Knobloch noch vor Erscheinen des Buches auf Rasumny aufmerksam. Auch dem ist zuzuschreiben, daß sich Rasumnys Buch nicht länger als zwei, drei Wochen in den Buchhandlungen unseres Landes käuflich erwerben ließ.
In einem Nachwort, das sich etwas großmundig anheischig machte, alles und jedes so umfassend wie bündig zu erklären, hatte ich – für viele wahrscheinlich zum ersten Mal – am Beispiel Mark Rasumnys mitzuteilen vermocht, daß die jiddische Kultur auch östlich von uns immer noch fortlebt.

Kaum war das erste Rasumny-Buch hierzulande erschienen, fanden sich Abdrucke daraus in nahezu allen Zeitungen und Zeitschriften. Mit Freude gewahrte ich, daß auch kirchliche Verlage von Rasumnys versöhnenden Text-Angeboten Gebrauch machten. Beim Besuch einer katholischen Kirche ließ ich gegen geringe Kollekte eines der nobel aufgemachten Krankenseelsorge-Blätter aus dem St. Benno-Verlag mitgehen. Da fand ich Rasumny-Novelletten liebevoll nachgedruckt.
Jahre vergingen. Jahre, in denen es nie mehr ganz ruhig oder still um Rasumny wurde. Leser aus der DDR schrieben und meldeten sich bei ihm. Die exzellente Polonistin Karin Wolff aus Frankfurt an der Oder widmete auch ihm ihr: Requiem für das Warschauer Getto »Hiob. 1943« (Evangelische Verlagsanstalt, Berlin 1983). Predigerseminare vervielfältigten die in Buchform vergriffenen Rasumny-Novelletten …
Im Herbst 1983 klingelte es unversehens an der Tür meiner Berliner Eremitage. Ich öffnete. Und vor mir stand: ein Enthusiast. Einer, der mich an mich in früheren Jahren erinnerte: Gottfried Probst. Ein Mann Ende der Zwanzig, frischgebackener Lektor des Leipziger St. Benno-Verlags. Er war es, dem Rasumnys Texte seinerzeit fürs katholische Krankenseelsorgeblatt zugesagt und eingeleuchtet hatten. Von seinem schmalen Salär hatte er sich wenige Wochen zuvor den Luxus einer privaten Reisebüro-Riga-Reise gestattet, einzig und allein um Rasumnys willen. Und Rasumny hatte ihn sofort auf- und angenommen wie einen Sohn. Fernab aller offiziell zustimmenden Logik hatten die beiden vereinbart, für St. Benno einen neuen Rasumny-Band auf den deutschsprachigen Markt zu bringen – mit Rennert als Übersetzer. Die sowjetische Urheberrechtsagentur WAAP spielte undeutsch mit und schickte wenig später in einmalig sorgloser Originalausführung Rasumnys Manuskripte nach Leipzig. Aus einer rotbraunen »Papka d'lja bumag« klaubte ich, was sich hier findet: In jiddisch Gedrucktes und Ungedrucktes. Alles aber durch und von Rasumny.
Vor zweihundertundfünfzig Jahren formulierte Nicolas Malebranche: »Aufmerksamkeit ist das natürliche Gebet der Seele.« Und heute weiß jeder, der nur um ein weniges an sein ihm Machbares glaubt: solch ein Gebet vermag unendlich viel.

Berlin, am 1. Advent 1984, Jürgen Rennert
dem 8. Kislew 5745

Alef Erster Konsonant des hebräischen Alphabets.
Bojberik »... sich in Bojberik verlieren« – humoristische Redewendung für abschweifendes Erzählen.
Cheder Jüdische Elementarschule.
Chiton Altgriechisches Untergewand.
»erster Pflock für die Laubhütte« Das Laubhüttenfest (Sukkot oder Sukkaus) wird in Erinnerung an das Hüttenleben der Israeliten während der Wüstenwanderung begangen. Nach Möglichkeit errichtet sich jedes jüdische Haus zur Feier dieses herbstlichen Festes auf dem Hof oder dem Balkon eine Laubhütte.
Gemara Erläuternder Teil des Talmuds, im engeren Sinne auch als Bezeichnung für den ganzen Talmud gebräuchlich.
Gojmel Ein Dankgebet für die Errettung aus großer Gefahr.
Jom Kippur Versöhnungstag. Strenger Fast- und Bußtag am Ende der zehn »ehrfurchtgebietenden Tage«, die mit dem jüdischen Neujahrsfest (Rosch Haschana oder Rausch Haschonoh) beginnen.
Kaddisch Ein Gottes Allmacht und Größe verherrlichendes Gebet, das außer im täglichen Morgengottesdienst zumeist im Gedenken an die Verstorbenen gesprochen wird und deshalb schlechthin als »Toten- und Trauergebet« gilt.
Midrasch Bezeichnung des gottesdienstlichen Vortrags im Anschluß an die Thoravorlesung der alten Synagoge und der – wie hier gemeint – aus diesem erwachsenen Literatur. Plural: Midraschim.
Mussar Hebräisch: Moral, Ethik. Darüber hinaus die Bezeichnung einer literarischen Gattung religiös erbaulichen und erzieherischen Inhalts.
Pentateuch Die fünf biblischen Mose-Bücher.
Schlojme Hamelech König Salomo
Scott R. F. (1868–1912), englischer Polarforscher, kam nach Erreichung des Südpols beim Rückweg mit seinen Begleitern im Schneesturm ums Leben.
Uneßane tojkef Titel und Anfangsworte eines dem jüdischen Märtyrer Rabbi Amnon von Mainz zugeschriebenen Gebets, das zu Rosch Haschana und Jom Kippur gesprochen wird.
Versöhnungstag siehe Jom Kippur.

Inhaltsverzeichnis

Vorbemerkung *5*

I

Nach dem Sturm *7*
Der Mensch *8*
Bin ich wirklich ich *10*
Wie ein Schlag mit der Faust *13*
Blöße *22*
Stufen *23*
Der leere Papierkorb *25*
Fachmännische Kritik *27*
Eine Welt voller Wunder *29*
Das kopierte Original *31*
Im Eifer des Gefechts *33*
Eine Perlenkette *35*
Serum *36*

II

Elegie *39*
Perpetuum mobile *40*
Lange Jahre – kurze Jahre *42*
Noli turbare! *45*
Die Frau meiner Sehnsucht *47*
Das Abendbrot dem Feinde! *52*
Liebesnächte *54*
Der Preis *55*
Begangene Fehler *57*

III

Im Rumbuler Wald *61*
Mah tauwu auholecho … *62*
Der namhafte Name *67*
Der Mann von nebenan *70*
Fliegende Buchstaben *72*
Die unglückliche Medea *76*

Das gute, alte Alphabet *78*
Pferde *80*
Erinnerst du dich? *81*

IV

Kaddisch *83*
Die sechsunddreißig Gerechten *84*
Menschlichkeit *88*
Erste Begegnung mit der Ethik *91*
Zerbrochene Teller *96*
Und immerfort sangen die Engel *100*
Moische Rabbejnu sitzt Michelangelo Modell *102*
Sein Vergnügen *110*
Was unvergessen bleiben muß *112*
Wenn ein Mensch verzagt *115*

V

Erwartung *117*
Terra incognita *118*
Einseitige Bewegung *120*
Zeichen auf dem Lebensweg *121*
Brosamen für eine Taube *123*
Zwischen Ja und Nein *125*
Distanzen *128*
Schehechjonu *130*
Relativität *133*
Der unterbrochene Kontakt *134*
Dressierte Elefanten *135*
Sünde *137*
Ein friedliches Zusammenleben *139*
Offene Karten *140*
Das Eichhörnchen *142*
Brücken *143*

VI

Zur Geschichte dieses Buches *146*
Anmerkungen *149*

ISBN 3-7462-0417-8

Einbandprägung: Titelei in Jiddisch
Vorsatz: Originalausschnitt der Novellette
»Noli turbare!«

2. Auflage 1989
Lizenznummer: 480/84/89
LSV 6520
Printed in the German Democratic Republic
Satz und Druck: Druckwerkstätten Stollberg
Buchbinderische Weiterverarbeitung:
Buchbinderei Südwest, Leipzig
Gesamtgestaltung: Werner Sroka

נלעך צו יענעם בער־
עפליקטן כיטאָן? אויך
חוי ווי יענער צעשוי־
פון די אנטיקע צײַטן,
ײַנען וויכטיקער פון
ארום, אז די קרײַזן
מילכאָמעס און אלע
רן און אלע פרעמדע
ײַסט זיך ארײַן פון
ראָבן קויעך צו צע־
ן די הייליקע קרײַזן,
טלעכן געדאנק, דורך